쉽게
따라 쓰는
한자

쉽게 따라 쓰는 한자

개정판 1쇄 발행 | 2022년 10월 31일
개정판 3쇄 발행 | 2024년 05월 31일

엮은이 | 편집부

발행인 | 김선희 · 대 표 | 김종대
펴낸곳 | 도서출판 매월당
책임편집 | 박옥훈 · 디자인 | 윤정선 · 마케터 | 양진철 · 김용준

등록번호 | 388-2006-000018호
등록일 | 2005년 4월 7일
주소 | 경기도 부천시 소사구 중동로 71번길 39, 109동 1601호
          (송내동, 뉴서울아파트)
전화 | 032-666-1130 · 팩스 | 032-215-1130

ISBN 979-11-7029-222-7 (13710)

쉽게

편집부 엮음

따라 쓰는

한자

매월당
MAEWOLDANG

현재 우리가 일상생활에서 사용하고 있는 어휘의 70 퍼센트 이상이 한자로 되어 있다는 것은, 우리나라의 모든 학문과 생활 역시 한자 문화의 영향권 아래 있다는 것을 입증하고 있는 것입니다. 즉, 이 말을 달리 표현하면 한자를 모르고서는 우리의 역사와 학문, 그리고 일상생활에 있어서의 의사소통 역시 정확히 이해할 수 없음을 의미합니다.

뿐만 아니라 대학수학능력시험에서도 한문이 제2외국어 영역의 한 과목이며, 학교를 졸업하고 사회에 진출했을 때에도 매우 유용하게 쓰입니다. 그 예로 일부 기업체에서는 입사 전형이나 승진 시험 등에서 한자능력시험의 자격증으로 가산점을 부여하기도 합니다. 이렇듯 한자 교육은 매우 중요하며 더 나아가 중국어나 일본어를 배우는 데도 크게 도움이 될 것입니다.

한자는 기원전 중국 신화시대 황제의 신하 창힐이 눈에 찍힌 새 발자국을 보고 만들었다는 것이 정설로 전해지고 있습니다. 최근 들어 한자의 창제를 놓고 동이족이 만들었다는 설도 나오면서, 한자가 중국의 문자가 아닌 우리나라의 문자라는 주장도 나오고 있습니다. 그러나 한자를 누가 만들었든 현재 우리나라에서 한자를 사용해 온 지가 2천여 년이 넘었고, 우리나라가 한자 문화의 영향권 아래 있다는 것이 더 주목할 만한 일입니다.

더불어 한자는 우리나라를 포함한 동양의 옛 문화를 이해하고 현재의 우리를 이해하기 위한 가장 기본적인 방법이기도 합니다. 그러므로 한자를 통해 동양의 세계관과 사상관, 역사관을 이해하며, 이를 바탕으로 현대의 생활 속에서 우리 문화와

생활의 저변에 깔려 있는 근본적인 삶의 자세와 세상살이에 대한 새로운 지혜를 찾아보는 것도 좋을 것 같습니다.

　이 책은 내신과 수능, 논술 및 각종 취업시험 등에서 자주 출제되고, 실생활에서 사용 빈도가 높은 가장 기본이 되는 한자에 대한 필순을 수록하여 따라 쓰기 쉽게 만들었고, 음과 훈을 달았으며, 각 글자의 핵심단어를 소개함으로써 기억하기 쉽게 정리하였습니다.

　아무쪼록 이 책을 통하여 실생활에 필요한 기초 한자의 실력을 길러 유용하게 사용하길 바랍니다.

차 례

필순의 일반적인 원칙

한자의 필순

한자漢子를 쓸 때의 바른 순서를 필순이라 한다. 한자를 바른 순서에 따라 쓰면 가장 쉬울 뿐만 아니라, 쓴 글자의 모양도 아름답다.

필순의 기본적인 원칙

1. 위에서 아래로 쓴다.

言 (말씀 언) : 言言言言言言言

三 (석 삼) : 三 三 三

客 (손 객) : 客 客 客 客 客 客 客

2. 왼쪽에서 오른쪽으로 쓴다.

川 (내 천) : 川 川 川

仁 (어질 인) : 仁 仁 仁 仁

外 (바깥 외) : 外 外 外 外 外

필순의 여러 가지

1. 가로획과 세로획이 겹칠 때는 가로획을 먼저 쓴다.

木 (나무 목) : 一 十 才 木

土 (흙 토) : 一 十 土

共 (함께 공) : 一 十 卄 井 共 共

末 (끝 말) : 一 二 丰 未 末

2. 가로획과 세로획이 겹칠 때 다음의 경우에 한하여 세로획을 먼저 쓴다.

田 (밭 전) : 丨 冂 冃 田 田

3. 한가운데 부분은 먼저 쓴다.

小 (작을 소) : 小 小 小

山 (뫼 산) : 丨 山 山

水 (물 수) : 水 水 水 水

*예외인 경우 : 火 (불 화) : 火 火 火 火

4. 몸은 먼저 쓴다.

안을 에워싸고 있는 바깥 둘레를 '몸' 이라고 하는데, 몸은 안보다 먼저 쓴다.

回 (돌아올 회) : 丨 冂 冋 冋 回 回

固 (굳을 고) : 丨 冂 冃 周 周 固 固

5. 삐침은 파임보다 먼저 쓴다.

人 (사람 인) : 丿 人

文 (글월 문) : 丶 亠 ナ 文

父 (아비 부) : 丷 父 父 父

6. 글자 전체를 꿰뚫는 획은 나중에 쓴다.

中 (가운데 중) : 中 中 中 中

事 (일 사) : 事 事 亭 亭 事 事 事

女 (계집 녀) : 女 女 女

母 (어미 모) : 母 母 母 母 母

＊예외인 경우 : 世 (세상 세) : 世 世 世 世 世

특히 주의해야 할 필순

1. 삐침은 짧고 가로획은 길게 써야 할 글자는 삐침을 먼저 쓴다.

右 (오른 우) : 右 右 右 右 右

有 (있을 유) : 有 有 有 有 有 有

2. 삐침은 길고 가로획은 짧게 써야 할 글자는 가로획을 먼저 쓴다.

左 (왼 좌) : 左 左 左 左 左

友 (벗 우) : 友 友 友 友

3. 받침을 먼저 쓰는 경우.

起 (일어날 기) : 起 起 起 起 起 起 起

勉 (힘쓸 면) : 勉 勉 勉 勉 勉 勉 勉

4. 받침을 나중에 쓰는 경우.

遠 (멀 원) : 遠 遠 遠 袁 遠 袁 遠

近 (가까울 근) : 近 近 近 近 近 近 近

建 (세울 건) : 建 建 建 建 建 建 建

5. 오른쪽 위의 점은 나중에 찍는다.

犬 (개 견) : 大 大 大 犬

伐 (칠 벌) : 伐 伐 伐 伐 伐 伐

成 (이룰 성) : 成 成 成 成 成 成 成

한자 해서의 기본 점과 획

	이름				예시 글자	획	이름				예시 글자
、	꼭지점				字	乀	치킴				凍
丶	왼점				小	乀	파임				八
丶	오른점				六	乚	받침				進
丶	치킨점				心	亅	지게다리				式
一	가로긋기				王	乚	굽은갈고리				手
丨	내리긋기				川	乚	새가슴				兄
亅	왼갈고리				水	乙	누운지게다리				心
亅	오른갈고리				民	乙	새을				乙
ㄱ	평갈고리				足	乀	봉날개				風
ㄱ	오른꺾음				日	勹	좌우꺾음				弓
ㄴ	왼꺾음				亡						
ㄱ	꺾음갈고리				力						
ㄱ	꺾어삐침				又						
ノ	삐침				九						

영자 팔법

永

① 점 ② 가로획 ⑤ 치킴 ⑥ 삐침 ④ 갈고리 ③ 세로획 ⑦ 짧은삐침 ⑧ 파임

영자 팔법 永字八法 : '永' 자 한 자를 쓰는데, 모든 한자에 공통하는 여덟 가지 운필법運筆法이 들어 있음을 말한다.

教	教 教 教 教 教						教育(교육)
							教師(교사)
							教授(교수)
							宗敎(종교)
							유 訓, 導
가르칠 교	教 教 教 教 教 教 教 教 教 教 教						반 學, 習
校	校 校 校 校 校						學校(학교)
							校舍(교사)
							開校(개교)
							母校(모교)
학교 교	校 校 校 校 校 校 校 校 校						유 庠
九	九 九 九 九 九						九旬(구순)
							望九(망구)
아홉 구	九 九						九品(구품)
國	國 國 國 國 國						國民(국민)
							國家(국가)
							國花(국화)
							國境(국경)
							外國(외국)
나라 국	國 國 國 國 國 國 國 國 國 國 國						유 邦
軍	軍 軍 軍 軍 軍						軍士(군사)
							軍隊(군대)
							國軍(국군)
							陸軍(육군)
군사 군	軍 軍 軍 軍 軍 軍 軍 軍 軍						유 兵, 士, 卒
金	金 金 金 金 金						金銀(금은)
							金屬(금속)
							收金(수금)
쇠 금	金 金 金 金 金 金 金 金						유 鐵, 鋼

南	南	南	南	南	南			東南(동남)
								江南(강남)
								南男北女
								(남남북녀)
남녘 남	南南南南南南南南南							반 北

女	女	女	女	女	女			女子(여자)
								美女(미녀)
								得女(득녀)
								母女(모녀)
								유 孃
여자 녀	女女女							반 男, 郎

年	年	年	年	年	年			一年(일년)
								年中(연중)
								青年(청년)
								年末年始
								(연말연시)
해 년	年年年年年年							유 歲, 齡

大	大	大	大	大	大			大小(대소)
								大學(대학)
								大人(대인)
								大衆(대중)
								유 巨, 偉
큰 대	大大大							반 細, 小

東	東	東	東	東	東			東門(동문)
								南東(남동)
								江東(강동)
								東大門(동대문)
동녘 동	東東東東東東東東							반 西

萬	萬	萬	萬	萬	萬			千萬(천만)
								萬歲(만세)
								萬世不變
								(만세불변)
								萬頃蒼波
일만 만	萬萬萬萬萬萬萬萬萬							(만경창파)

013

母	母	母	母	母	母			母情(모정)
								父母(부모)
								産母(산모)
								乳母(유모)
어머니 모	母 母 母 母 母							반 子, 父
木	木	木	木	木	木			木材(목재)
								巨木(거목)
								木手(목수)
								木枕(목침)
나무 목	木 木 木 木							상 樹, 林
門	門	門	門	門	門			大門(대문)
								家門(가문)
								門中(문중)
								門閥(문벌)
문 문	門 門 門 門 門 門 門 門							
民	民	民	民	民	民			民衆(민중)
								民族(민족)
								庶民(서민)
								民間(민간)
								유 氓
백성 민	民 民 民 民 民							반 官, 君, 士
白	白	白	白	白	白			黑白(흑백)
								白雪(백설)
								明白(명색)
								白馬(백마)
흰 백	白 白 白 白 白							반 黑
父	父	父	父	父	父			父母(부모)
								父子(부자)
								父親(부친)
								嚴父(엄부)
아버지 부	父 父 父 父							반 母, 子

北	北北北北北							南北(남북) 北窓(북창) 東北(동북) 南男北女 (남남북녀) 반 南
북녘 북	北北北北北							
四	四四四四四							四方(사방) 四面(사면) 文房四友 (문방사우) 四面楚歌 (사면초가)
넉 사	四四四四四							
山	山山山山山							江山(강산) 山水(산수) 山脈(산맥) 山川(산천) 유 岳 반 河, 海
메(뫼) 산	山山山							
三	三三三三三							三面(삼면) 三角形(삼각형) 作心三日 (작심삼일) 유 參
석 삼	三三三							
生	生生生生生							生命(생명) 生日(생일) 生産(생산) 出生(출생) 유 産, 出 반 死, 殺
날 생	生生生生生							
西	西西西西西							西洋(서양) 東奔西走 (동분서주) 東西古今 (동서고금) 반 東
서녘 서	西西西西西西							

先	先 先 先 先 先						先後(선후) 先發(선발) 先頭(선두) 先生(선생) ⑩前 ⑪後
먼저 선	先 先 先 先 先 先						
小	小 小 小 小 小						大小(대소) 小人(소인) 小形(소형) 小說(소설) ⑩細, 微 ⑪大, 巨
작을 소	小 小 小						
水	水 水 水 水 水						水道(수도) 冷水(냉수) 水面(수면) 地下水(지하수) ⑩江, 川, 溪 ⑪空, 火, 山
물 수	水 水 水 水						
室	室 室 室 室 室						室內(실내) 居室(거실) 教室(교실) 密室(밀실) ⑩家, 屋, 舍, 宅
집 실	室室室室室室室室室						
十	十 十 十 十 十						十字(십자) 八十(팔십) 赤十字(적십자) 十匙一飯 (십시일반)
열 십	十 十						
五	五 五 五 五 五						五星(오성) 十五夜(십오야) 五味(오미) 五帝(오제)
다섯 오	五 五 五 五						

王							王子(왕자)
	王	王	王	王	王		王國(왕국)
							王位(왕위)
							王位(왕위)
임금 왕	王 王 王 王						㈌ 君, 主 ㈖ 民, 臣

外							內外(내외)
	外	外	外	外	外		外部(외부)
							室外(실외)
							野外(야외)
							外國(외국)
바깥 외	外 夕 外 外 外						㈖ 內, 中

月							日月(일월)
	月	月	月	月	月		滿月(만월)
							月給(월급)
							蜜月(밀월)
달 월	月 月 月 月						㈖ 日

六							六旬(육순)
	六	六	六	六	六		六甲(육갑)
							六十甲子
							(육십갑자)
여섯 륙	六 六 六 六						

二							二人(이인)
	二	二	二	二	二		二層(이층)
							二月(이월)
두 이	二 二						㈌ 貳

人							人間(인간)
	人	人	人	人	人		人生(인생)
							故人(고인)
							文人(문인)
사람 인	人 人						㈖ 獸, 畜

日	日	日	日	日	日			日月(일월) 日記(일기) 日氣豫報 (일기예보) 반 月
날 일	日 日 日 日							
一	一	一	一	一	一	一		一同(일동) 萬一(만일) 一心同體 (일심동체) 유 共, 同 반 等
한 일	一							
長	長	長	長	長	長			長短(장단) 長點(장점) 長男(장남) 首長(수장) 유 久, 永, 遠 반 短, 老, 幼
긴 장	長 長 長 長 長 長 長 長							
弟	弟	弟	弟	弟	弟			兄弟(형제) 子弟(자제) 弟子(제자) 반 兄, 昆, 師
아우 제	弟 弟 弟 弟 弟 弟 弟							
中	中	中	中	中	中			中央(중앙) 中心(중심) 中間(중간) 中道(중도) 유 央 반 外
가운데 중	中 中 中 中							
靑	靑	靑	靑	靑	靑			靑春(청춘) 靑年(청년) 靑色(청색) 靑天(청천) 유 綠, 碧
푸를 청	靑 靑 靑 靑 靑 靑 靑 靑							

								四寸 (사촌)
寸	寸	寸	寸	寸	寸			寸刻 (촌각)
								寸志 (촌지)
								寸蟲 (촌충)
마디 촌	寸 寸 寸							유 節

								七十 (칠십)
七	七	七	七	七	七			北斗七星
								(북두칠성)
								七縱七擒
일곱 칠	七 七							(칠종칠금)

								土地 (토지)
土	土	土	土	土	土			國土 (국토)
								土木 (토목)
								유 陸, 地, 壤
흙 토	土 土 土							

								八十 (팔십)
八	八	八	八	八	八			八字 (팔자)
								八角亭 (팔각정)
여덟 팔	八 八							

								學校 (학교)
學	學	學	學	學	學			勉學 (면학)
								文學 (문학)
								學問 (학문)
								유 練, 習
배울 학	學 學 學 學 學 學 學 學 學 學 學 學 學 學							반 敎, 訓

								大韓民國
韓	韓	韓	韓	韓	韓			(대한민국)
								三韓 (삼한)
								訪韓 (방문)
								韓信 (한신)
나라이름 한	韓 韓 韓 韓 韓 韓 韓 韓 韓 韓 韓 韓 韓 韓 韓 韓							

019

兄	兄	兄	兄	兄	兄			兄弟(형제) 老兄(노형) 大兄(대형) 반 弟
맏 형	兄 兄 兄 兄 兄							
火	火	火	火	火	火			火災(화재) 火焰(화염) 火藥(화약) 發火(발화) 반 水
불 화	火 火 火 火							

家	家 家 家 家 家					家族(가족) 家屋(가옥) 家門(가문) 專門家(전문가) ㊤屋, 堂, 室
집 가	家家家家家家家家家家					
歌	歌 歌 歌 歌 歌					歌謠(가요) 歌手(가수) 歌曲(가곡) 唱歌(창가) 歌舞(가무) ㊤謠, 曲
노래 가	歌歌歌歌歌歌歌歌歌歌歌歌歌歌					
間	間 間 間 間 間					人間(인간) 間隔(간격) 空間(공간) 民間(민간) ㊤暇, 隔
사이 간	間間間間間間間間間間間					
江	江 江 江 江 江					江邊(강변) 漢江(한강) 江村(강촌) ㊤溪, 川, 河 ㊦山, 岳
강 강	江江江江江江					
車	車 車 車 車 車					馬車(마차) 電車(전차) 自動車(자동차) 車輛(차량) ㊤輛, 輦
수레 거(차)	車車車車車車車					
空	空 空 空 空 空					空間(공간) 空中(공중) 空虛(공허) 眞空(진공) ㊤無, 虛 ㊦陸, 實, 海
빌 공	空空空空空空空空					

工	工 工 工 工 工	工場(공장)
		工業(공업)
		手工業(수공업)
		重工業(중공업)
장인 공	工 工 工	유 匠

口	口 口 口 口 口	入口(입구)
		出口(출구)
		人口(인구)
		食口(식구)
입 구	口 口 口	

旗	旗 旗 旗 旗 旗	旗手(기수)
		旗幟(기치)
		弔旗(조기)
		國旗(국기)
기 기	旗 旗 旗 旗 旗 旗 旗 旗 旗 旗 旗 旗 旗	유 幢, 幡

記	記 記 記 記 記	記錄(기록)
		筆記(필기)
		記憶(기억)
		日記(일기)
기록할 기	記 記 記 記 記 記 記 記 記 記	유 錄, 誌

氣	氣 氣 氣 氣 氣	氣運(기운)
		精氣(정기)
		氣體(기체)
		景氣(경기)
기운 기	氣 氣 氣 氣 氣 氣 氣 氣 氣 氣	氣勢(기세)

男	男 男 男 男 男	男子(남자)
		美男(미남)
		無男獨女
		(무남독녀)
		유 郎
사내 남	男 男 男 男 男 男 男	반 女, 孃

內	内内内内内						室內(실내) 內外(내외) 內衣(내의) (반)外
안 내	内内内内						
農	農農農農農						農事(농사) 農夫(농부) 農村(농촌) 農業(농업) 都農(도농) (유)墾 (반)都
농사 농	農農農農農農農農農農農農農						
答	答答答答答						對答(대답) 答辯(답변) 應答(응답) 問答(문답) (유)對, 諾 (반)問
대답 답	答答答答答答答答答答答答						
道	道道道道道						道路(도로) 鐵道(철도) 孝道(효도) 道德(도덕) 道理(도리) (유)街, 途, 路
길 도	道道道道道道道道道道道道						
冬	冬冬冬冬冬						春夏秋冬 (춘하추동) 冬節(동절) 立冬(입동) 冬將軍(동장군) (반)夏
겨울 동	冬冬冬冬冬						
洞	洞洞洞洞洞						洞里(동리) 各洞(각동) 洞長(동장) 洞窟(동굴) 洞察(통찰) (유)里, 村, 府
고을 동	洞洞洞洞洞洞洞洞洞						

動	動 動 動 動 動						動作(동작) 運動(운동) 動力(동력) ㈜ 運, 移 ㉰ 止
움직일 동	動 動 動 動 動 動 動 動 動 動						
同	同 同 同 同 同						同一(동일) 同年(동년) 同甲(동갑) 同心(동심) ㈜ 共, 一 ㉰ 等, 異
한가지 동	同 同 同 同 同 同						
登	登 登 登 登 登						登山(등산) 登頂(등정) 登落(등락) 登場(등장) ㈜ 騰, 昇 ㉰ 減, 降, 落
오를 등	登 登 登 登 登 登 登 登 登 登 登 登						
來	來 來 來 來 來						往來(왕래) 未來(미래) 到來(도래) 去來(거래) 來訪(내방) ㉰ 去, 留
올 래	來 來 來 來 來 來 來 來						
力	力 力 力 力 力						力士(력사) 體力(체력) 力道(역도) 動力(동력) ㈜ 勉, 務
힘 력	力 力						
老	老 老 老 老 老						老人(노인) 敬老(경노) 老弱(노약) 養老(양로) ㈜ 翁, 耆 ㉰ 少, 童, 幼
늙을 로	老 老 老 老 老 老						

							洞里(동리)
里	里	里	里	里	里		里長(이장)
							各里(각리)
							萬里長城
							(만리장성)
마을 리	里 里 里 里 里 里 里						㕔 洞, 村, 府

							山林(산림)
林	林	林	林	林	林		林業(임업)
							密林(밀림)
							桂林(계림)
수풀 림	林 林 林 林 林 林 林 林						㕔 木, 樹, 森

							設立(설립)
立	立	立	立	立	立		直立(직립)
							獨立(독립)
							起立(기립)
							㕔 建, 起
설 립	立 立 立 立 立						㕜 坐

							每樣(매양)
每	每	每	每	每	每		每日(매일)
							每番(매번)
							每月(매월)
							每年(매년)
매양 매	每 每 每 每 每 每 每						㕔 恒, 常

							體面(체면)
面	面	面	面	面	面		假面(가면)
							面前(면전)
							人面獸心
							(인면수심)
낯 면	面 面 面 面 面 面 面 面						㕔 顔, 容

							壽命(수명)
命	命	命	命	命	命		運命(운명)
							命令(명령)
							人命在天
							(인명재천)
목숨 명	命 命 命 命 命 命 命 命						㕔 壽

名	名 名 名 名 名						姓名(성명)
---	---	---	---	---	---	---	呼名(호명)
							名山(명산)
							名品(명품)
이름 명	名 名 名 名 名 名						㈜ 號, 稱

文	文 文 文 文 文						文學(문학)
---	---	---	---	---	---	---	文章(문장)
							文書(문서)
							文房具(문방구)
글월 문	文 文 文 文						㈜ 書, 章, 册
							㉫ 武

問	問 問 問 問 問						質問(질문)
---	---	---	---	---	---	---	問答(문답)
							問議(문의)
							問題(문제)
물을 문	問 問 問 問 問 問 問 問 問 問						㈜ 訊, 諮
							㉫ 答

物	物 物 物 物 物						物件(물건)
---	---	---	---	---	---	---	物體(물체)
							物理(물리)
							建物(건물)
물건 물	物 物 物 物 物 物 物 物						㈜ 身, 體, 品
							㉫ 心

方	方 方 方 方 方						方向(방향)
---	---	---	---	---	---	---	方位(방위)
							方法(방법)
							處方(처방)
모 방	方 方 方 方						㉫ 圓

百	百 百 百 百 百						百日(백일)
---	---	---	---	---	---	---	萬百姓(만백성)
							文武百官
							(문무백관)
일백 백	百 百 百 百 百 百						妙技百出
							(묘기백출)

夫							夫婦(부부) 漁夫(어부) 人夫(인부) 牧夫(목부) 유 丈 반 妻
지아비 부	夫 夫 夫 夫						
不							不可(불가) 不正(부정) 不變(불변) 不義(불의) 반 可, 是
아닐 불(부)	不 不 不 不						
事							事業(사업) 民事(민사) 事故(사고) 從事(종사) 유 茨, 絳
일 사	事 事 事 事 事 事 事 事						
算							算數(산수) 計算(계산) 豫算(예산) 利害打算 (이해타산) 유 計, 數
셈 산	算 算 算 算 算 算 算 算 算 算 算 算 算 算						
上							上下(상하) 屋上(옥상) 上官(상관) 上位(상위) 유 貴, 尊 반 下, 低
위 상	上 上 上						
色							色彩(색채) 顔色(안색) 色盲(색맹) 傾國之色 (경국지색) 유 光, 耿, 暉
빛 색	色 色 色 色 色 色						

夕	夕 夕 夕 夕 夕						夕陽(석양) 秋夕(추석) 朝夕(조석) 유暮 반朝, 旦
저녁 석	夕 夕 夕						
姓	姓 姓 姓 姓 姓						姓氏(성씨) 百姓(백성) 同姓同本 (동성동본) 通姓名(통성명) 유氏
성씨 성	姓 姓 姓 姓 姓 姓 姓 姓						
世	世 世 世 世 世						世上(세상) 世界(세계) 後世(후세) 世代(세대)
세상 세	世 世 世 世 世						
所	所 所 所 所 所						所望(소망) 宿所(숙소) 所屬(소속) 處所(처소) 所謂(소위) 유處
바 소	所 所 所 所 所 所 所 所						
少	少 少 少 少 少						多少(다소) 少年(소년) 極少(극소) 少女(소녀) 유寡 반多, 老
적을 소	少 少 少 少						
數	數 數 數 數 數						數學(수학) 算數(산수) 係數(계수) 物價指數 (물가지수) 유計, 算
셈 수	數 數 數 數 數 數 數 數 數 數 數 數 數 數						

手		手 手 手 手 手						手足(수족) 木手(목수) 手工藝(수공예) 手動(수동) 반 足
손 수	手手手手								
時		時 時 時 時 時						時間(시간) 時期(시기) 時節(시절) 時代(시대) 臨時(임시) 유 期
때 시	時 時 時 時 時 時 時 時 時 時								
市		市 市 市 市 市						都市(도시) 市場(시장) 市長(시장) 市廳(시청) 유 都, 京, 邑
저자 시	市 市 市 市 市								
食		食 食 食 食 食						食事(식사) 食堂(식당) 食慾(식용) 過食(과식) 유 飯
먹을 식	食 食 食 食 食 食 食 食 食								
植		植 植 植 植 植						植木(식목) 植物(식물) 移植(이식) 植栽(식재) 유 栽
심을 식	植 植 植 植 植 植 植 植 植 植 植 植								
心		心 心 心 心 心						心身(심신) 良心(양심) 中心(중심) 以心傳心 (이심전심) 반 身, 體
마음 심	心 心 心 心								

安	安	安	安	安	安			便安(편안) 安全(안전) 未安(미안) 問安(문안) ⊕ 便, 康, 寧 ⊖ 危
편안할 안	安 安 安 安 安 安							

語	語	語	語	語	語			言語(언어) 語源(어원) 密語(밀어) 母國語(모국어) ⊕ 談, 說, 言 ⊖ 行
말씀 어	語 語 語 語 語 語 語 語 語 語 語 語							

然	然	然	然	然	然			必然(필연) 當然(당연) 蓋然(개연) 自然保護 (자연보호)
그럴 연	然 然 然 然 然 然 然 然 然 然 然 然							

午	午	午	午	午	午			正午(정오) 午前(오전) 午後(오후) 午睡(오수) 端午(단오)
낮 오	午 午 午 午							

右	右	右	右	右	右			左右(좌우) 右翼(우익) 左之右之 (좌지우지) ⊕ 登, 騰 ⊖ 左
오른 우	右 右 右 右 右							

有	有	有	有	有	有			有無(유무) 有限(유한) 固有(고유) 所有(소유) ⊕ 存, 在 ⊖ 空, 無, 亡
있을 유	有 有 有 有 有 有							

育	育	育	育	育	育			敎育(교육)
								育成(육성)
								飼育(사육)
								體育(체육)
기를 육	育育育育育育育育							유 飼, 養

邑	邑	邑	邑	邑	邑			邑內(읍내)
								都邑(도읍)
								各邑(각읍)
								邑長(읍장)
고을 읍	邑邑邑邑邑邑邑							유 都, 市, 京, 郡

入	入	入	入	入	入			出入(출입)
								入口(입구)
								收入(수입)
								入力(입력)
들 입	八 入							유 納 반 出

字	字	字	字	字	字			文字(문자)
								數字(수자)
								字句(자구)
글자 자	字字字字字字							

自	自	自	自	自	自			自己(자기)
								自信(자신)
								自由(자유)
								自體(자체)
스스로 자	自自自自自自							유 己, 身 반 他

子	子	子	子	子	子			子女(자녀)
								父子(부자)
								男子(남자)
								孫子(손자)
아들 자	子子子							유 胄 반 女, 父, 母

場	場 場 場 場 場						場所(장소)
마당 장	場 場 場 場 場 場 場 場 場 場 場 場						市場(시장) 入場(입장) 開場(개장) 牧場(목장)
電	電 電 電 電 電						電氣(전기)
번개 전	電 電 電 電 電 電 電 電 電 電 電 電 電						發電(발전) 家電(가전) 電子(전자) 電池(전지)
前	前 前 前 前 前						前後(전후) 前生(전생) 面前(면전) 風前燈火 (풍전등화) 유 先 반 後
앞 전	前 前 前 前 前 前 前 前 前						
全	全 全 全 全 全						完全(완전) 全體(전체) 健全(건전) 萬全(만전) 유 完
온전할 전	全 全 全 全 全 全						
正	正 正 正 正 正						正義(정의) 正答(정답) 正確(정확) 正直(정직) 유 直 반 反, 誤
바를 정	正 正 正 正 正						
祖	祖 祖 祖 祖 祖						祖父(조부) 祖孫(조손) 祖上(조상) 國祖(국조) 開祖(개조) 반 孫
할아비 조	祖 祖 祖 祖 祖 祖 祖 祖						

							手足(수족)
足	足	足	足	足	足		滿足(만족)
							鳥足之血
							(조족지혈)
발 족	足 足 足 足 足 足 足						유 餘, 豊 반 手
左	左	左	左	左	左		左右(좌우)
							左向左(좌향좌)
							左翼(좌익)
왼 좌	左 左 左 左 左						반 右
住	住	住	住	住	住		居住(거주)
							住所(주소)
							住宅(주택)
							衣食住(의식주)
살 주	住 住 住 住 住 住 住						유 居, 活
主	主	主	主	主	主		主人(주인)
							主客(주객)
							主要(주요)
							主張(주장)
주인 주	主 主 主 主 主						유 君, 王 반 民, 臣
重	重	重	重	重	重		輕重(경중)
							重要(중요)
							重視(중시)
							貴重(귀중)
무거울 중	重 重 重 重 重 重 重 重 重						유 上, 昂 반 輕
地	地	地	地	地			土地(토지)
							天地(천지)
							地面(지면)
							地域(지역)
땅 지	地 地 地 地 地 地						유 土, 壤, 陸 반 天, 乾

紙	紙 紙 紙 紙 紙					紙面(지면) 紙質(지질) 表紙(표지) 洛陽紙價 (낙양지가)
종이 지	紙 紙 紙 紙 紙 紙 紙 紙 紙 紙					
直	直 直 直 直 直					直線(직선) 直接(직접) 直角(직각) 正直(정직) ㊌正, 貞 ㊉曲
곧을 직	直 直 直 直 直 直 直 直					
川	川 川 川 川 川					河川(하천) 溪川(계천) 川邊(천변) 山川(산천) ㊌江, 溪, 河 ㊉山, 岳
내 천	川 川 川					
千	千 千 千 千 千					千萬(천만) 千里(천리) 千不當萬不當 (천부당만부당)
일천 천	千 千 千					
天	天 天 天 天 天					天地(천지) 天命(천명) 天使(천사) 天壽(천수) ㊌乾, 旻 ㊉坤, 地
하늘 천	天 天 天 天					
草	草 草 草 草 草					草木(초목) 花草(화초) 甘草(감초) 草露(초로) 民草(민초)
풀 초	草 草 草 草 草 草 草 草 草 草					

村								農村(농촌)
								江村(강촌)
								村落(촌락)
								民俗村(민속촌)
								無醫村(무의촌)
마을 촌	村 村 村 村 村 村 村							洞, 里, 鄕

秋								立秋(입추)
								秋夕(추석)
								秋霜(추상)
								秋風落葉
								(추풍낙엽)
가을 추	秋 秋 秋 秋 秋 秋 秋 秋 秋							春

春								立春(입춘)
								春風(춘풍)
								春秋(춘추)
								春風明月
								(춘풍명월)
봄 춘	春 春 春 春 春 春 春 春 春							秋

出						出入(출입)
						出發(출발)
						出國(출국)
						出勤(출근)
						産, 生
날 출	出 出 出 出 出					落, 入

便								便利(편리)
								便安(편안)
								簡便(간편)
								便紙(편지)
편할 편	便 便 便 便 便 便 便 便 便							安, 康, 寧

平						平凡(평범)
						平安(평안)
						平野(평야)
						平和(평화)
						平均(평균)
평평할 평	平 平 平 平 平					泰, 康, 寧

下	下 下 下 下 下		上下(상하)
			地下(지하)
			下水道(하수도)
			下手(하수)
			유 降, 低
아래 **하**	下 下 下		반 上, 高
夏	夏 夏 夏 夏 夏		常夏(상하)
			夏至(하지)
			過夏(과하)
			夏爐冬扇
			(하로동선)
여름 **하**	夏夏夏夏夏夏夏夏夏夏		반 冬
漢	漢 漢 漢 漢 漢		漢江(한강)
			巨漢(거한)
			無賴漢(무뢰한)
한수 **한**	漢漢漢漢漢漢漢漢漢漢漢漢漢漢		
海	海 海 海 海 海		海洋(해양)
			陸海空軍
			(육해공군)
			臨海(임해)
			유 洋, 江
바다 **해**	海海海海海海海海海海		반 陸, 山
花	花 花 花 花 花		花草(화초)
			花卉(화훼)
			花盆(화분)
			無花果(무화과)
꽃 **화**	花花花花花花花花		解語花(해어화)
話	話 話 話 話 話		對話(대화)
			話題(화제)
			說話(설화)
			爐邊談話
			(노변담화)
말씀 **화**	話話話話話話話話話話話話話		유 談, 說, 語

活	活	活	活	活	活			生活(생활)
								活動(활동)
								活氣(활기)
								自活(자활)
								㊀生, 産, 巨
살 **활**	活活活活活活活活活							㊀死, 殺

孝	孝	孝	孝	孝	孝			孝道(효도)
								孝子(효자)
								不孝(불효)
								孝誠(효성)
								事親以孝
효도 **효**	孝孝孝孝孝孝孝							(사친이효)

後	後	後	後	後	後			前後(전후)
								後孫(후손)
								老後(노후)
								後發制人
								(후발제인)
뒤 **후**	後後後後後後後後後							㊀先, 前

休	休	休	休	休	休			休息(휴식)
								休憩所(휴게소)
								休眠(휴면)
								休養地(휴양지)
								㊀息, 憩
쉴 **휴**	休休休休休休							

各	各 各 各 各 各				各各(각각) 各個(각개) 各級(각급) 各者(각자)
각각 **각**	各 各 各 各 各 各				
角	角 角 角 角 角				牛角(우각) 角度(각도) 總角(총각) 角者無齒 (각자무치) ㊀稜(모날 능)
뿔 **각**	角 角 角 角 角 角 角				
感	感 感 感 感 感				感動(감동) 感應(감응) 感覺(감각) 感慨無量 (감개무량) ㊀悟, 覺
느낄 **감**	感 感 感 感 感 感 感 感 感 感 感				
强	强 强 强 强 强				强弱(강약) 强大(강대) 莫强(막강) 最强(최강) ㊀弱
강할 **강**	强 强 强 强 强 强 强 强 强 强 强				
開	開 開 開 開 開				開閉(개폐) 開花(개화) 開放(개방) 公開(공개) ㊀啓 ㊀閉
열 **개**	開 開 開 開 開 開 開 開 開 開 開 開				
京	京 京 京 京 京				上京(상경) 京鄕(경향) 歸京(귀경) 東京(동경) ㊀市, 都 ㊀鄕
서울 **경**	京 京 京 京 京 京 京 京				

計			計	計	計	計	計			計算(계산)
										計劃(계획)
										合計(합계)
										設計(설계)
셀 계	計 計 計 計 計 計 計 計 計									유 算, 數, 策
界			界	界	界	界	界			世界(세계)
										境界(경계)
										限界(한계)
										世界平和
										(세계평화)
지경 계	界 界 界 界 界 界 界 界 界									유 境, 域
高			高	高	高	高	高			高山(고산)
										高低(고저)
										高地(고지)
										高溫(고온)
										유 崇, 尊, 卓
높을 고	高 高 高 高 高 高 高 高 高 高									반 低, 下
苦			苦	苦	苦	苦	苦			苦痛(고통)
										苦悶(고민)
										甘呑苦吐
										(감탄고토)
										유 辛, 難
괴로울 고	苦 苦 苦 苦 苦 苦 苦 苦 苦									반 甘, 樂
古			古	古	古	古	古			古代(고대)
										古典(고전)
										古今(고금)
										古人(고인)
										유 昔
옛 고	古 古 古 古 古									반 今, 新
功			功	功	功	功	功			功過(공과)
										功勞(공로)
										戰功(전공)
										功德(공덕)
										유 勳
공 공	功 功 功 功 功									반 過, 罪

公	公 公 公 公 公		公共(공공) 公平(공평) 公報(공보) 公共機關 (공공기관) ⑪ 私
공평할 공	公 公 公 公		
共	共 共 共 共 共		共同(공동) 公共(공공) 民主共和國 (민주공화국) ㉠ 同, 一 ⑪ 等
함께 공	共 共 共 共 共 共		
科	科 科 科 科 科		科目(과목) 學科(학과) 科程(과정) 文科(문과) 武科(무과)
과목 과	科 科 科 科 科 科 科 科 科		
果	果 果 果 果 果		結果(결과) 果實(과실) 果敢(과감) 因果應報 (인과응보) ㉠ 實 ⑪ 因
과실 과	果 果 果 果 果 果 果 果		
光	光 光 光 光 光		光明(광명) 光線(광선) 光復(광복) 榮光(영광) ㉠ 景, 暉 ⑪ 陰, 雨
빛 광	光 光 光 光 光 光		
交	交 交 交 交 交		交際(교제) 交流(교류) 交換(교환) 外交(외교) 親交(친교)
사귈 교	交 交 交 交 交 交		

球	球 球 球 球 球	半球(반구) 地球(지구) 蹴球(축구) 籠球(농구) 球技(구기)
공 구	球 球 球 球 球 珠 球 球 球 球 球	
區	區 區 區 區 區	區分(구분) 區域(구역) 地區(지구) 區別(구별) ㋺ 別, 分
나눌 구	區 區 區 區 區 區 區 區 區 區 區	
郡	郡 郡 郡 郡 郡	郡守(군수) 郡廳(군청) 郡縣(군현) ㋺ 邑, 州
고을 군	郡 郡 郡 郡 郡 郡 郡 郡 郡 郡	
近	近 近 近 近 近	遠近(원근) 近接(근접) 近處(근처) 近視(근시) ㋑ 遠
가까울 근	近 近 近 近 近 近 近 近	
根	根 根 根 根 根	根本(근본) 木根(목근) 根據(근거) ㋺ 本
뿌리 근	根 根 根 根 根 根 根 根 根 根	
今	今 今 今 今 今	只今(지금) 今年(금년) 今日(금일) 東西古今 (동서고금) ㋑ 昨, 古, 昔
이제 금	今 今 今 今	

急	급할 급	急 急 急 急 急 急 急 急 急	急 急 急 急 急	緊急(긴급) 應急(응급) 急行(급행) 緩急(완급) ㊒ 促, 躁 ㊖ 緩
級	등급 급	級 級 級 級 級 級 級 級 級 級	級 級 級 級 級	等級(등급) 學級(학급) 級數(급수) ㊒ 授, 贈 ㊖ 受, 收
多	많을 다	多 多 多 多 多 多	多 多 多 多 多	多量(다량) 多少(다소) 多幸(다행) 多數決(다수결) ㊒ 誂, 溱 ㊖ 少, 寡
短	짧을 단	短 短 短 短 短 短 短 短 短 短 短 短	短 短 短 短 短	長短(장단) 短篇(단편) 短身(단신) 短點(단점) 短詩(단시) ㊒ 矮 ㊖ 長
堂	집 당	堂 堂 堂 堂 堂 堂 堂 堂 堂 堂 堂	堂 堂 堂 堂 堂	明堂(명당) 堂號(당호) 堂叔(당숙) 堂狗三年吠風月 (당구삼년폐풍월) ㊒ 室, 家, 舍
待	기다릴 대	待 待 待 待 待 待 待 待 待	待 待 待 待 待	接待(접대) 待機(대기) 待遇(대우)

代			代 代 代 代 代							代身(대신) 代行(대행) 時代(시대) 現代(현대) 代理(대리) ㈜ 界, 世
대신할 대	代 代 代 代 代										
對			對 對 對 對 對							對答(대답) 對應(대응) 反對(반대) 對峙(대치) ㈜ 答, 諾
대답할 대	對 對 對 對 對 對 對 對 對 對 對 對 對 對										
圖			圖 圖 圖 圖 圖							構圖(구도) 圖面(도면) 意圖(의도) 美術圖案 (미술도안)
그림 도	圖 圖 圖 圖 圖 圖 圖 圖 圖 圖 圖 圖										
度			度 度 度 度 度							法度(법도) 密度(밀도) 速度(속도) 發火溫度 (발화온도)
법도 도, 헤아릴 탁	度 度 度 度 度 度 度 度 度										
讀			讀 讀 讀 讀 讀							讀書(독서) 朗讀(낭독) 精讀(정독) 讀本(독본) 讀經(독경) 默讀(묵독)
읽을 독	讀 讀 讀 讀 讀 讀 讀 讀 讀 讀										
童			童 童 童 童 童							童心(동심) 童顏(동안) 童謠(동요) 兒童問題 (아동문제) ㈜ 兒 ㈝ 老
아이 동	童 童 童 童 童 童 童 童 童 童 童 童										

頭	頭 頭 頭 頭 頭	街頭(가두) 頭髮(두발) 序頭(서두) 書頭(서두) 윤 首, 魁 반 尾
머리 두	頭 頭 頭 頭 頭 頭 頭 頭 頭 頭 頭	
等	等 等 等 等 等	等級(등급) 減等(감등) 等數(등수) 等比(등비) 윤 徒, 部, 衆 반 共, 同, 一
무리 등	等 等 等 等 等 等 等 等 等 等 等 等	
樂	樂 樂 樂 樂 樂	音樂(음악) 苦樂(고락) 喜怒哀樂 (희노애락) 윤 悅, 喜, 娛 반 苦, 悲, 哀
즐거울 락	樂 樂 樂 樂 樂 樂 樂 樂 樂 樂 樂	
例	例 例 例 例 例	例外(예외) 年例(연례) 定例(정례) 比例代表 (비례대표) 윤 法, 式, 典
법식 례	例 例 例 例 例 例 例 例	
禮	禮 禮 禮 禮 禮	禮節(예절) 禮義(예의) 禮遇(예우) 滿員謝禮 (만원사례)
예도 례	禮 禮 禮 禮 禮 禮 禮 禮 禮 禮 禮 禮 禮 禮 禮	
路	路 路 路 路 路	道路(도로) 街路(가로) 排水路(배수로) 迷路學習 (미로학습) 윤 道, 街, 途
길 로	路 路 路 路 路 路 路 路 路 路 路	

한자	훈음	필순	어휘
綠	푸를 록	綠 綠 綠 綠 綠 綠 綠 綠 綠 綠	草綠(초록) 綠陰(녹음) 萬綠(만록) 新綠禮讚(신록예찬) 유 青, 碧
理	다스릴 리	理 理 理 理 理 理 理 理 理 理 理	道理(도리) 理致(이치) 管理(관리) 文理(문리) 유 經, 治, 攝 반 亂
李	오얏 리	李 李 李 李 李 李 李	桃李(도리)
利	이로울 리	利 利 利 利 利 利 利	利益(이익) 權利(권리) 薄利多賣(박리다매) 유 加, 益, 增 반 害
明	밝을 명	明 明 明 明 明 明 明 明	明確(명확) 照明(조명) 明暗(명암) 文明(문명) 유 朗, 瞭 반 暗, 昏
目	눈 목	目 目 目 目 目	眼目(안목) 目標(목표) 題目(제목) 유 眼

聞	聞 聞 聞 聞 聞						見聞(견문)
							新聞(신문)
							所聞(소문)
							未聞(미문)
							聽聞會(청문회)
들을 문	聞 聞 聞 聞 聞 聞 聞 聞 聞 聞 聞						㈜ 聽, 聆
米	米 米 米 米 米						米穀(미곡)
							米糠(미강)
							白米(백미)
							米壽(미수)
							救恤米(구휼미)
쌀 미	米 米 米 米 米 米						
美	美 美 美 美 美						美色(미색)
							美醜(미추)
							美貌(미모)
							美人薄命
							(미인박명)
아름다울 미	美 美 美 美 美 美 美 美 美						㈜佳, 麗 ㈝醜
朴	朴 朴 朴 朴 朴						淳朴(순박)
							素朴(소박)
							質朴(질박)
순박할 박	朴 朴 朴 朴 朴 朴						㈜質
半	半 半 半 半 半						半半(반반)
							過半(과반)
							太半(태반)
							半空日(반공일)
							半官半民
절반 반	半 半 半 半 半						(반관반민)
反	反 反 反 反 反						反對(반대)
							反省(반성)
							反復(반복)
							反共精神
							(반공정신)
돌이킬 반	反 反 反 反						㈝正, 贊

班								兩班(양반) 各班(각반) 文班(문반) 武班(무반) ㊀ 分, 配 ㋹ 常
나눌 반	班 班 班 班 班 班 班 班 班							
發								出發(출발) 發展(발전) 發射(발사) 發表(발표) ㊀ 建, 起 ㋹ 着
필 발	發 發 發 發 發 發 發 發 發 發 發 發							
放								解放(해방) 放送(방송) 開放(개방) 放浪(방랑) 放蕩(방탕) ㊀ 解, 漫, 釋
놓을 방	放 放 放 放 放 放 放 放							
番								番號(번호) 當番(당번) 今番(금번) 單番(단번) ㊀ 序, 第, 級
차례 번	番 番 番 番 番 番 番 番 番 番 番 番							
別								差別(차별) 別種(별종) 特別(특별) 分別(분별) 恪別(각별) ㊀ 異, 他, 差
다를 별	別 別 別 別 別 別 別							
病								疾病(질병) 病院(병원) 問病(문병) 依兵除隊 (의병제대) ㊀ 疾
병 병	病 病 病 病 病 病 病 病 病							

服	服 服 服 服 服					
옷 복	服 服 服 服 服 服 服 服					

衣服(의복)
服裝(복장)
服務(복무)
微服潛行
(미복잠행)
유 衣

本	本 本 本 本 本					
근본 본	本 本 本 本 本					

根本(근본)
本來(본래)
本性(본성)
本心(본심)
유 根 반 末

部	部 部 部 部 部					
거느릴 부	部 部 部 部 部 部 部 部 部 部 部					

部下(부하)
部處(부처)
本部(본부)
유 徒, 等, 衆, 群

分	分 分 分 分 分					
나눌 분	分 分 分 分					

分離(분리)
分明(분명)
分析(분석)
分割(분할)
유 區, 班
반 合

社	社 社 社 社 社					
모일 사	社 社 社 社 社 社 社 社					

社會(사회)
結社(결사)
公社(공사)
社長(사장)
유 會, 湊

死	死 死 死 死 死					
죽을 사	死 死 死 死 死 死					

生死(생사)
死亡(사망)
死色(사색)
客死(객사)
유 亡, 消, 滅
반 生, 存, 有

使	使 使 使 使 使			密使(밀사) 使節(사절) 使用(사용) 유 令, 役 반 勞
하여금 **사**	使 使 使 使 使 使 使			
書	書 書 書 書 書			書冊(서책) 讀書(독서) 書籍(서적) 文書(문서) 圖書(도서) 유 冊, 章, 文, 籍
글 **서**	書 書 書 書 書 書 書 書 書 書			
石	石 石 石 石 石			巖石(암석) 石器(석기) 壽石(수석) 石頭(석두) 반 鐵, 玉
돌 **석**	石 石 石 石 石			
席	席 席 席 席 席			座席(좌석) 着席(착석) 同席(동석) 無斷缺席 (무단결석) 유 筵, 座
자리 **석**	席 席 席 席 席 席 席 席 席 席			
線	線 線 線 線 線			直線(직선) 曲線(곡선) 電線(전선) 無線(무선) 유 絲, 縷
줄 **선**	線 線 線 線 線 線 線 線 線 線 線 線 線 線			
雪	雪 雪 雪 雪 雪			雪景(설경) 雪原(설원) 暴雪(폭설) 雪上加霜 (설상가상)
눈 **설**	雪 雪 雪 雪 雪 雪 雪 雪 雪 雪 雪			

省	省 省 省 省 省						反省(반성) 省察(성찰) 省略(생략) 一日三省 (일일삼성) 윤 察, 審
살필 성, 덜 생	省 省 省 省 省 省 省 省 省						
成	成 成 成 成 成						完成(완성) 成功(성공) 成就(성취) 成績(성적) 윤 通, 達 반 亡, 敗
이룰 성	成 成 成 成 成 成 成						
消	消 消 消 消 消						消滅(소멸) 解消(해소) 消息(소식) 消耗(소모) 윤 亡, 死
사라질 소	消 消 消 消 消 消 消 消 消 消						
速	速 速 速 速 速						速度(속도) 加速(가속) 迅速(신속) 윤 早, 迅 반 遲
빠를 속	速 速 速 速 速 速 速 速 速 速						
孫	孫 孫 孫 孫 孫						子孫(자손) 後孫(후손) 子子孫孫 (자자손손) 윤 胤, 胄 반 祖
손자 손	孫 孫 孫 孫 孫 孫 孫 孫 孫						
樹	樹 樹 樹 樹 樹						樹木(수목) 街路樹(가로수) 樹立(수립) 政府樹立 (정부수립) 윤 木, 林, 森
나무, 세울 수	樹 樹 樹 樹 樹 樹 樹 樹 樹 樹 樹 樹 樹						

術							技術(기술) 藝術(예술) 美術(미술) 民衆藝術 (민중예술) 유 技, 藝
재주 **술**	術 術 術 行 術 術 術 術 術 術 術						
習							學習(학습) 練習(연습) 風習(풍습) 유 講, 學, 修 반 敎, 訓
익힐 **습**	習 習 習 習 習 習 習 習 習 習						
勝							勝負(승부) 勝利(승리) 勝敗(승패) 유 忍, 克 반 敗, 負
이길 **승**	勝 勝 勝 勝 勝 勝 勝 勝 勝 勝 勝 勝						
始							始作(시작) 始初(시초) 開始(개시) 유 初, 創 반 末, 終
처음 **시**	始 始 始 始 始 始 始 始						
式							方式(방식) 儀式(의식) 形式(형식) 文化樣式 (문화양식) 유 法, 典, 例
법 **식**	式 式 式 式 式 式						
神							鬼神(귀신) 精神(정신) 神經(신경) 物神(물신) 유 鬼, 靈, 魂
귀신 **신**	神 神 神 神 神 神 神 神 神 神						

身	身 身 身 身 身	身體(신체)
몸 신	身 身 身 身 身 身 身	自身(자신) 身分(신분) 獨身(독신) 유肉,體,軀 반心
信	信 信 信 信 信	信賴(신뢰)
믿을 신	信 信 信 信 信 信 信 信 信	信義(신의) 信用(신용) 信仰(신앙) 信號(신호) 유恃 반疑
新	新 新 新 新 新	新聞(신문)
새로울 신	新 新 新 新 新 新 新 新 新 新 新 新 新	新舊(신구) 新年(신년) 更新(갱신) 新入(신입) 반舊,古
失	失 失 失 失 失	失踪(실종)
잃을 실	失 失 失 失 失	失敗(실패) 過失(과실) 유喪,敗 반得
愛	愛 愛 愛 愛 愛	慈愛(자애)
사랑 애	愛 愛 愛 愛 愛 愛 愛 愛 愛 愛 愛 愛 愛	愛國(애국) 戀愛結婚 (연애결혼) 유慈 반憎,惡
野	野 野 野 野 野	野外(야외)
들 야	野 野 野 野 野 野 野 野 野 野	平野(평야) 分野(분야) 野蠻(야만) 유郊

						深夜(심야) 晝夜(주야) 夜間(야간) 除夜(제야) 夜盲症(야맹증) 반 晝
夜 밤 야	夜夜夜夜夜夜夜夜					
藥 약 약	藥藥藥藥藥藥藥藥藥					良藥(양약) 藥局(약국) 藥師(약사) 死後藥方文 (사후약방문) 유 劑
弱 약할 약	弱弱弓弓弱弱弱弱弱弱					弱體(약체) 强弱(강약) 老弱(노약) 弱小國(약소국) 유 柔, 衰 반 强
陽 볕 양	陽陽陽陽陽陽陽陽陽陽陽陽					陰陽(음양) 陽地(양지) 太陽(태양) 丹陽八景 (단양팔경) 반 陰, 雨
洋 큰바다 양	洋洋洋洋洋洋洋洋洋					大洋(대양) 東西洋(동서양) 海洋(해양) 茫茫大洋 (망망대양) 유 海
言 말씀 언	言言言言言言言					言語(언어) 言論(언론) 言中有骨 (언중유골) 유 談, 說, 言 반 文, 武, 行

業	業 業 業 業 業						職業(직업) 學業(학업) 工業(공업) 事業(사업) 業報(업보)
일업	業業業業業業業業業業業業業						
永	永 永 永 永 永						永遠(영원) 永久(영구) 永續(영속) 永訣(영결) 永劫(영겁) ⑪ 久, 遠, 長
길 영	永永永永永						
英	英 英 英 英 英						英雄(영웅) 英才(영재) 群英(군영) 英國(영국) ⑪ 特
꽃부리 영	英英英英英英英英英						
溫	溫 溫 溫 溫 溫						溫暖(온난) 溫和(온화) 溫帶地方 (온대지방) ⑪ 煖, 暑, 熱 ⑫ 冷, 凉
따뜻할 온	溫溫溫溫溫溫溫溫溫溫溫溫溫						
勇	勇 勇 勇 勇 勇						勇氣(용기) 武勇(무용) 勇士(용사) 勇敢無雙 (용감무쌍) ⑪ 敢, 驍
날쌜 용	勇勇勇勇勇勇勇勇勇						
用	用 用 用 用 用						用度(용도) 應用(응용) 用法(용법) 作用(작용) ⑪ 消, 費 ⑫ 捨
쓸 용	月月月月用						

							運動(운동)
運	運	運	運	運	運		運送(운송)
							運數(운수)
							獨立運動
							(독립운동)
움직일 운	運運運運運運運運運運運運運運						유 擧, 動

							庭園(정원)
園	園	園	園	園	園		遊園地(유원지)
							動物園(동물원)
							都市公園
							(도시공원)
동산 원	園園園園園園園園園園園園園						

							遠近(원근)
遠	遠	遠	遠	遠	遠		永遠(영원)
							遠路(원로)
							敬遠(경원)
							유 久, 永, 長, 遼
멀 원	遠遠遠遠遠遠遠遠遠遠遠遠遠遠						반 近

							油田(유전)
油	油	油	油	油	油		産油國(산유국)
							注油(주유)
							油脂(유지)
기름 유	油油油油油油油油						유 脂, 肪, 膏

							緣由(연유)
由	由	由	由	由	由		自由(자유)
							事由(사유)
							歸責事由
말미암을 유	由由由由由						(귀책사유)

							金銀(금은)
銀	銀	銀	銀	銀	銀		銀鑛(은광)
							銀行(은행)
							銀粧刀(은장도)
은 은	銀銀銀銀銀銀銀銀銀銀銀銀銀						

飮	飮 飮 飮 飮 飮						飮料(음료) 飮食(음식) 米飮(미음) 飮酒歌舞 (음주가무) ㊤吸
마실 음	飮飮飮飮飮飮飮飮飮飮飮飮飮						
音	音 音 音 音 音						音聲(음성) 音樂(음악) 音源(음원) 音癡(음치) 音階(음계) ㊤聲, 韻
소리 음	音音音音音音音音音						
意	意 意 意 意 意						意味(의미) 意志(의지) 意慾(의욕) 故意(고의) ㊤志, 情
뜻 의	意意意意意意意意意意意意						
衣	衣 衣 衣 衣 衣						衣服(의복) 衣裳(의상) 上衣(상의) 下衣(하의) ㊤服
옷 의	衣衣衣衣衣衣						
醫	醫 醫 醫 醫 醫						醫師(의사) 醫院(의원) 醫療(의료) 名醫(명의) 東醫寶鑑 (동의보감)
의원 의	醫醫醫醫醫醫醫醫醫醫醫醫						
者	者 者 者 者 者						傍觀者(방관자) 責任者(책임자) 老宿者(노숙자)
사람 자	者者者者者者者者						

昨						昨年(작년) 昨今(작금) 昨朝(작조) 今是昨非 (금시작비) 반 今
어제 작	昨 昨 昨 昨 昨 昨 昨 昨					
作						作業(작업) 著作(저작) 作家(작가) 作品(작품) 作用(작용) 유 製, 造
지을 작	作 作 作 作 作 作 作					
章						文章(문장) 勳章(훈장) 文章符號 (문장부호) 유 書, 文, 册
글 장	章 章 章 章 章 章 音 音 音 章 章					
在						存在(존재) 健在(건재) 內在(내재) 所在(소재) 유 有, 存
있을 재	在 在 在 在 在 在					
才						才能(재능) 文才(문재) 才人(재인) 妙才(묘재) 유 技, 藝, 術
재주 재	才 才 才					
戰						戰爭(전쟁) 作戰(작전) 戰鬪(전투) 獨立戰爭 (독립전쟁) 유 鬪 반 和
싸움 전	戰 戰 戰 戰 戰 戰 戰 戰 戰 戰					

| 庭 | 庭庭庭庭庭 | 庭園(정원) 家庭(가정) 庭訓(정훈) 母子家庭 (모자가정) |
| 뜰 정 | 庭庭庭庭庭庭庭庭庭庭 | |

| 定 | 定定定定定 | 決定(결정) 假定(가정) 定員(정원) 貿易協定 (무역협정) 유精, 奠 |
| 정할 정 | 定定定定定定定定 | |

| 題 | 題題題題題 | 題目(제목) 標題(표제) 課題(과제) 統一問題 (통일문제) |
| 제목 제 | 題題題題題題題題題題題題 | |

| 第 | 第第第第第 | 及第(급제) 登第(등제) 壯元及第 (장원급제) 유番, 序, 級 상昆 |
| 차례 제 | 第第第第第第第第第第第 | |

| 朝 | 朝朝朝朝朝 | 朝夕(조석) 朝廷(조정) 朝餐(조찬) 滿朝百官 (만조백관) 유旦 반夕, 暮 |
| 아침 조 | 朝朝朝朝朝朝朝朝朝朝朝朝 | |

| 族 | 族族族族族 | 血族(혈족) 族閥(족벌) 親族(친족) 民族統一 (민족통일) |
| 겨레 족 | 族族族族族族族族族族族 | |

晝	晝 晝 晝 晝 晝						晝夜(주야) 白晝(백주) 晝間(주간) 晝耕夜讀 (주경야독) 반 夜, 宵
낮 주	晝晝晝晝晝晝晝晝晝晝晝						
注	注 注 注 注 注						傾注(경주) 注射(주사) 大雪注意報 (대설주의보)
물댈 주	注注注注注注注注						
集	集 集 集 集 集						集合(집합) 收集(수집) 離合集散 (이합집산) 유 收, 會 반 散
모일 집	集集集集集集集集集集集集						
窓	窓 窓 窓 窓 窓						窓門(창문) 同窓(동창) 東窓(동창)
창문 창	窓窓窓窓窓窓窓窓窓窓窓						
清	清 清 清 清 清						清淡(청담) 清淨(청정) 清淨無垢 (청정무구) 유 淑, 淡 반 濁
맑을 청	清清清清清清清清清清清						
體	體 體 體 體 體						身體(신체) 體育(체육) 肉體(육체) 一體(일체) 유 物, 身, 肉 반 心
몸 체	體體體體體體體體體體體體體體體體體體體體體體						

親	親 親 親 親 親	親舊(친구) 親戚(친척) 親密(친밀) 切親(절친) 母親(모친) 鬯 疎
친할 친	親 親 亲 親 親 親 親 親 親 親 親 親	
太	太 太 太 太 太	太陽(태양) 明太(명태) 皇太子(황태자) 萬事太平 (만사태평)
클 태	太 大 大 太	
通	通 通 通 通 通	通信(통신) 交通(교통) 疏通(소통) 通行(통행) 相通(상통) 鬯 成, 徹
통할 통	通 通 通 通 通 通 通 通 通 通 通	
特	特 特 特 特 特	特別(특별) 特殊(특수) 獨特(독특) 氣象特報 (기상특보) 鬯 英
특별할 특	特 特 特 特 特 特 特 特 特 特	
表	表 表 表 表 表	地表(지표) 發表(발표) 表情(표정) 地球表面 (지구표면) 鬯 甲, 皮
겉 표	表 表 表 表 表 表 表 表	
風	風 風 風 風 風	風向(풍향) 順風(순풍) 美風良俗 (미풍양속) 無風地帶 (무풍지대)
바람 풍	風 風 風 風 風 風 風 風 風	

合								結合(결합) 合致(합치) 配合(배합) 集合(집합) ⊕翕, 沓 ⊖分, 離
합할 합	合合合合合合							
行								行動(행동) 行星(행성) 飛行(비행) 銀行(은행) ⊕動, 運 ⊖語, 知
다닐 행	行行行行行行							
幸								多幸(다행) 不幸(불행) 幸運(행운) 幸福(행복) ⊕福
다행 행	幸幸幸幸幸幸幸幸							
向								方向(방향) 動向(동향) 對向(대향) 指向(지향)
향할 향	向向向向向向							
現								現在(현재) 出現(출현) 現象(현상) 具現(구현) ⊕見, 觀, 視 ⊖隱
나타날 현	現現現現現現現現現現現							
形								形態(형태) 形狀(형상) 成形(성형) 形成(형성) ⊕貌, 狀 ⊖影
모양 형	形形形形形形形							

한자 쉽게 따라 쓰기

號	號 號 號 號 號	番號(번호) 記號(기호) 符號(부호) 赤色信號 (적색신호)
이름 호	號 號 號 號 號 號 號 號 號 號 號 號 號	유 名, 稱
畫	畫 畫 畫 畫 畫	繪畫(회화) 畫家(화가) 畫面(화면) 畫廊(화랑) 書畫(서화)
그림 화	畫 畫 畫 畫 畫 畫 畫 畫 畫 畫 畫 畫	유 圖, 繪
和	和 和 和 和 和	平和(평화) 和睦(화목) 和解(화해) 共和(공화) 유 調, 協, 睦
화목할 화	和 和 和 和 和 和 和 和	반 戰
黃	黃 黃 黃 黃 黃	黃色(황색) 黃河(황하) 黃酸(황산) 黃砂(황사) 朱黃(주황) 綠黃(녹황)
누를 황	黃 黃 黃 黃 黃 黃 黃 黃 黃 黃 黃 黃	
會	會 會 會 會 會	會合(회합) 會議(회의) 集會(집회) 博覽會(박람회) 유 集, 團, 募
모일 회	會 會 會 會 會 會 會 會 會 會 會 會	반 散
訓	訓 訓 訓 訓 訓	家訓(가훈) 教訓(교훈) 民防衛訓練 (민방위훈련) 유 教, 導
가르칠 훈	訓 訓 訓 訓 訓 訓 訓 訓 訓 訓	반 學, 習, 練

062

價	價 價 價 價 價						價格(가격)
값 가	價價價價價價價價價價價價價						價值(가치) 物價(물가) 同價紅裳 (동가홍상) ⊕値

加	加 加 加 加 加						加減(가감)
더할 가	加加加加加						加速(가속) 參加(참가) ⊕益, 增, 添 ⊜減, 損

可	可 可 可 可 可						可能(가능)
옳을 가	可可可可可						不可(불가) 不可能(불가능) ⊕是, 義 ⊜不, 否

改	改 改 改 改 改						改革(개혁)
고칠 개	改改改改改改改						改善(개선) 改稱(개칭) 經濟改革 (경제개혁) ⊕變, 易, 革

客	客 客 客 客 客						賓客(빈객)
손님 객	客客客客客客客客客						客地(객지) 旅客(여객) 主客顚倒 (주객전도) ⊕賓 ⊜主

去	去 去 去 去 去						過去(과거)
갈 거	去去去去去						去來(거래) 去就(거취) ⊕往, 逝 ⊜來, 留

擧	擧	擧	擧	擧	擧			擧事(거사)
								選擧(선거)
								薦擧(천거)
								輕擧妄動
								(경거망동)
들 거	擧擧擧擧擧擧擧擧擧擧擧擧與與與擧擧擧							㈜動, 運

件	件	件	件	件	件			事件(사건)
								物件(물건)
								用件(용건)
								貿易條件
								(무역조건)
사건 건	件件件件件件							㈜物, 品

建	建	建	建	建	建			建國(건국)
								建立(건립)
								建築(건축)
								高層建物
								(고층건물)
세울 건	建建建建建建律建建							㈜起, 立, 發

健	健	健	健	健	健			健康(건강)
								健全(건전)
								保健(보건)
								健忘症(건망증)
건강할 건	健健健健健健健健健健							㈜康, 剛, 强

格	格	格	格	格	格			格式(격식)
								人格(인격)
								品格(품격)
								格物致知
								(격물치지)
격식 격	格格格格格格格格格格							㈜法, 式, 典

見	見	見	見	見	見			見聞(견문)
								發見(발견)
								見解(견해)
								㈜觀, 視, 現
								㈜隱
볼 견	見見見見見見見							

決	決決決決決					解決(해결) 未決(미결) 決戰(결전) ㊤ 判, 斷 ㊥ 豫
결단할 결	決決決決決決決					
結	結結結結結					結論(결론) 團結(단결) 結者解之 (결자해지) ㊤ 約, 束, 契 ㊥ 起
맺을 결	結結結結結結結結結結結					
輕	輕輕輕輕輕					輕重(경중) 輕薄(경박) 輕微(경미) 輕擧妄動 (경거망동) ㊥ 重
가벼울 경	輕輕輕輕輕輕輕輕輕輕輕輕輕					
景	景景景景景					景致(경치) 光景(광경) 近景(근경) 丹陽八景 (단양팔경) ㊤ 光
볕 경	景景景景景景景景景景景景					
敬	敬敬敬敬敬					恭敬(공경) 敬虔(경건) 尊敬(존경) 敬天愛人 (경천애인) ㊤ 恭, 虔
공경할 경	敬敬敬敬敬敬敬敬敬敬敬敬敬					
競	競競競競競					競爭(경쟁) 競走(경주) 競馬(경마) 團體競技 (단체경기) ㊤ 爭, 鬪
다툴 경	競競競競競競競競競競競競競競競競競競					

							固體(고체) 頑固(완고) 固陋(고루) 固定資産 (고정자산) ㉠堅, 硬, 確
固 굳을 고	固固固固固固固固						
考 상고할 고	考考考考考考						思考(사고) 考察(고찰) 深思熟考 (심사숙고) ㉠念, 思, 想, 憶
告 알릴 고	告告告告告告告						廣告(광고) 申告(신고) 報告(보고) 自進申告 (자신신고) ㉠示
曲 굽을 곡	曲曲曲曲曲曲						曲線(곡선) 歪曲(왜곡) 迂餘曲折 (우여곡절) ㉠屈, 枉, 迂 ㉡直
課 매길 과	課課課課課課課課課課課課課課課						課題(과제) 賦課(부과) 課稅(과세) 累進課稅 (누진과세)
過 지날 과	過過過過過過過過過過過						過去(과거) 超過(초과) 功過(공과) ㉠經, 歷 ㉡功

關							關聯(관련) 關鍵(관건) 關心(관심) 機關(기관) 蜜月關係 (밀월관계)
빗장 관	關關關關關關關關關關關關關關關關關						
觀							觀光(관광) 可觀(가관) 觀點(관점) 袖手傍觀 (수수방관) ㈜視, 見
볼 관	觀觀觀觀觀觀觀觀觀觀觀觀觀觀						
廣							廣闊(광활) 廣野(광야) 廣場(광장) ㈜博, 浩 ㈝狹
넓을 광	廣廣廣廣廣廣廣廣廣廣廣廣廣廣						
橋							橋梁(교량) 陸橋(육교) 架橋(가교) 鐵橋(철교) ㈜梁, 棧
다리 교	橋橋橋橋橋橋橋橋橋橋橋橋橋橋						
具							具備(구비) 家具(가구) 玩具(완구) 文房具(문방구) ㈜備, 該
갖출 구	具具具具具具具具						
救							救援(구원) 救助(구조) 急救(급구) 貧民救濟 (빈민구제) ㈜濟
구원할 구	救救救救救救救救救救						

舊	舊 舊 舊 舊 舊						新舊(신구) 親舊(친구) 舊怨(구원) 舊態依然 (구태의연) 반 新
옛 구	舊舊舊舊舊舊舊舊舊舊舊舊舊舊舊舊						
局	局 局 局 局 局						局面(국면) 結局(결국) 放送局(방송국) 名局(명국)
판 국	局 局 局 局 局 局 局						
貴	貴 貴 貴 貴 貴						尊貴(존귀) 貴族(귀족) 稀貴(희귀) 유 上, 尊 반 賤
귀할 귀	貴 貴 貴 貴 貴 貴 貴 貴 貴 貴 貴 貴						
規	規 規 規 規 規						法規(법규) 規制(규제) 規約(규약) 規則動詞 (규칙동사) 유 法, 律, 式, 典
법 규	規 規 規 規 規 規 規 規 規 規 規						
給	給 給 給 給 給						給與(급여) 供給(공급) 反對給付 (반대급부) 유 授, 賜 반 需, 受
줄 급	給 給 給 給 給 給 給 給 給 給 給 給						
期	期 期 期 期 期						期約(기약) 期間(기간) 無期囚(무기수) 無期延期 (무기연기) 유 時
기약할 기	期 期 期 期 期 期 期 期 期 期 期 期						

汽 물끓는김 기	汽 汽 汽 汽 汽 汽汽汽汽汽汽汽						汽車(기차) 汽罐室(기관실)
己 몸 기	己 己 己 己 己 己 己 己						自己(자기) 克己(극기) 利己的(이기적) ㊤ 身, 軀
技 재주 기	技 技 技 技 技 技 技 技 技 技 技 技						特技(특기) 競技(경기) 演技(연기) 技術立國 (기술입국) ㊤ 藝, 才
基 터 기	基 基 基 基 基 基 基 基 基 基 其 其 其 基						基礎(기초) 基盤(기반) 基本(기본) 基層民衆 (기층민중) ㊤ 址
吉 길할 길	吉 吉 吉 吉 吉 吉 吉 吉 吉 吉 吉						吉凶(길흉) 吉日(길일) 吉日(길일) 吉凶禍福 (길흉화복) ㊤ 豊 ㊦ 凶
念 생각 념	念 念 念 念 念 念 念 念 念 念 念 念 念						想念(상념) 念願(염원) 槪念(개념) 無念無想 (무념무상) ㊤ 考, 思, 想

能	能能能能能	可能(가능)
능할 능	能能能能能能能能能能	能力(능력) 才能(재능) 能力發揮 (능력발휘)

團	團團團團團	團結(단결)
둥글 단	團團團團團團團團團團團團團團團	團體(단체) 團束(단속) 大同團結 (대동단결) ⊕圓, 集, 會

壇	壇壇壇壇壇	祭壇(제단)
제단 단	壇壇壇壇壇壇壇壇壇壇壇壇壇壇	演壇(연단) 壇上(단상) 講壇(강단) 文壇(문단)

談	談談談談談	談笑(담소)
말씀 담	談談談談談談談談談談談談談談談	筆談(필담) 武勇談(무용담) 爐邊談話 (노변담화) ⊕說, 語, 言

當	當當當當當	應當(응당)
마땅할 당	當當當當當當當當當當當當當	當然(당연) 當面(당면) 當時(당시) 當日(당일) ⊕宜, 該

德	德德德德德	道德(도덕)
덕 덕	德德德德德德德德德德德	恩德(은덕) 厚德(후덕) 道德主義 (도덕주의)

都	都	都	都	都	都	
도읍 도	都 都 都 都 都 者 者 者 者 都 都 都					

都市(도시)
都邑(도읍)
首都(수도)
⊕市, 京, 邑
⊖農

島	島	島	島	島	島	
섬 도	島 島 島 島 島 島 島 島 島 島					

孤島(고도)
列島(열도)
韓半島(한반도)
島嶼地方
(도서지방)
⊕嶼

到	到	到	到	到	到	
이를 도	到 到 到 到 到 到 到 到					

到來(도래)
到着(도착)
到達(도달)
到着價格
(도착가격)
⊕至, 着, 致

獨	獨	獨	獨	獨	獨	
홀로 독	獨 獨 獨 獨 獨 獨 獨 獨 獨 獨 獨 獨 獨 獨 獨					

獨立(독립)
孤獨(고독)
單獨(단독)
無男獨女
(무남독녀)
⊕單, 孤

落	落	落	落	落	落	
떨어질 락	落 落 落 落 落 落 落 落 落 落 落 落 落					

墜落(추락)
落葉(낙엽)
物價下落
(물가하락)
⊕墜, 墮
⊖登, 加, 增

朗	朗	朗	朗	朗	朗	
밝을 랑	朗 朗 朗 朗 朗 朗 朗 朗 朗 朗 朗					

明朗(명랑)
朗朗(낭랑)
朗讀(낭독)
⊕明, 瞭

冷	冷	冷	冷	冷	冷				冷水(냉수) 冷氣(냉기) 寒冷前線 (한랭전선) 倏寒, 凉 맨溫, 熱, 暑
찰 랭	冷冷冷冷冷冷冷								
良	良	良	良	良	良				良心(양심) 善良(선량) 良民(양민) 良藥(양약) 良妻(양처) 倏仁, 賢
어질 량	良良良良良良良								
量	量	量	量	量	量				測量(측량) 減量(감량) 質量(질량) 物量(물량) 倏料, 惻
헤아릴 량	量量量量量量量量量量量量								
旅	旅	旅	旅	旅	旅				旅愁(여수) 旅館(여관) 旅客(여객) 無錢旅行 (무전여행) 倏客, 賓
나그네 려	旅旅旅旅旅旅旅旅旅旅								
歷	歷	歷	歷	歷	歷				歷史(역사) 經歷(경력) 履歷(이력) 歷史歪曲 (역사왜곡) 倏經, 過
지낼 력	歷歷歷歷歷歷歷歷歷歷歷歷歷歷歷歷								
練	練	練	練	練	練				練習(연습) 熟練(숙련) 民防衛訓練 (민방위훈련) 倏講, 修 맨敎, 訓
익힐 련	練練練練練練練練練練練練練練練								

							領土(영토)
領	領	領	領	領	領		領導(영도)
							大統領(대통령)
							無血占領
							(무혈점령)
옷깃 령	領領領領領領領領領領領領領領						㈜統, 率, 御
令	令	令	令	令	令		命令(명령)
							假令(가령)
							密令(밀령)
							斷髮令(단발령)
하여금 령	令令令令令						㈜使
勞	勞	勞	勞	勞	勞		勞苦(노고)
							慰勞(위로)
							疲勞(피로)
							勤勞契約
							(근로계약)
수고로울 로	勞勞勞勞勞勞勞勞勞勞勞勞						㈜据 ㈝使
料	料	料	料	料			思料(사료)
							資料(자료)
							無料(무료)
							有機質肥料
							(유기질비료)
헤아릴 료	料料料料料料料料料料						㈜量, 測
類	類	類	類	類			人類(인류)
							分類(분류)
							穀類(곡류)
							文化人類學
							(문화인류학)
무리 류	類類類類類類類類類類類類類類類類						㈜徒, 衆, 部
流	流	流	流				放流(방류)
							潮流(조류)
							流水(유수)
흐를 류	流流流流流流流流流流						流行(유행)

陸	陸	陸	陸	陸	陸			陸地(육지)
								大陸(대륙)
								着陸(착륙)
								連陸橋(연육교)
								㊌地, 土
뭍 륙	陸陸陸陸陸陸陸陸陸陸陸							㊀海, 空

馬	馬	馬	馬	馬	馬			乘馬(승마)
								競馬(경마)
								馬夫(마부)
								木馬(목마)
								塞翁之馬
말 마	馬馬馬馬馬馬馬馬馬馬							(새옹지마)

末	末	末	末	末	末			結末(결말)
								末期(말기)
								本末(본말)
								末端(말단)
								㊌端, 終
끝 말	末末末末末							㊀本, 始

亡	亡	亡	亡	亡	亡			逃亡(도망)
								死亡(사망)
								亡國民族
								(망국민족)
								㊌消, 滅
망할 망	亡亡亡							㊀存, 有

望	望	望	望	望	望			所望(소망)
								希望(희망)
								熱望(열망)
								渴望(갈망)
								名望家(명망가)
바랄 망	望望望望望望望望望望							㊌願, 希

買	買	買	買	買	買			賣買(매매)
								購買(구매)
								密買(밀매)
								買收合竝
								(매수합병)
살 매	買買買買買買買買買買買買							㊌購 ㊀賣

賣	賣	賣	賣	賣	賣	賣買(매매) 販賣(판매) 強賣(강매) 薄利多賣 (박리다매) ⑧販 ⑪買
팔 매	賣 賣 賣 賣 賣 賣 賣 賣 賣 賣 賣 賣 賣 賣 賣					
無	無	無	無	無	無	有無(유무) 虛無(허무) 無常(무상) 無視(무시) ⑧空, 虛 ⑪有, 存
없을 무	無 無 無 無 無 無 無 無 無 無 無 無					
倍	倍	倍	倍	倍	倍	倍加(배가) 百倍(백배) 倍數比例 (배수비례) 等倍數(등배수)
갑절 배	倍 倍 倍 倍 倍 倍 倍 倍 倍 倍					
法	法	法	法	法	法	方法(방법) 法類(법률) 法則(법칙) 憲法改正 (헌법개정) ⑧律, 式, 典
법 법	法 法 法 法 法 法 法 法					
變	變	變	變	變	變	變化(변화) 變動(변동) 變亂(변란) 萬世不變 (만세불변) ⑧改, 易, 革
변할 변	變 變					
兵	兵	兵	兵	兵	兵	兵士(병사) 義兵(의병) 募兵制度 (모병제도) ⑧軍, 士 ⑪將
군사 병	兵 兵 兵 兵 兵 兵 兵					

福	福 福 福 福 福						萬福(만복) 冥福(명복) 轉禍爲福 (전화위복) ㈜慶, 幸 ㈜禍
복 복	福福福福福福福福福福福福福						

奉	奉 奉 奉 奉 奉						奉仕(봉사) 奉祭祀(봉제사) 滅私奉公 (멸사봉공) ㈜仕, 承
받들 봉	奉 奉 奉 奉 奉 奉 奉 奉						

比	比 比 比 比 比						比較(비교) 比例(비례) 比率(비율) 明度對比 (명도대비) ㈜較
견줄 비	比 比 比 比						

費	費 費 費 費 費						消費(소비) 費用(비용) 經費(경비) 旅費(여비) ㈜消, 用
쓸 비	費費費費費費費費費費費費						

鼻	鼻 鼻 鼻 鼻 鼻						鼻音(비음) 鼻炎(비염) 耳鼻咽喉科 (이비인후과)
코 비	鼻鼻鼻鼻鼻鼻鼻鼻鼻鼻鼻鼻鼻						

氷	氷 氷 氷 氷 氷						氷板(빙판) 氷水(빙수) 氷河(빙하) 氷炭不相容 (빙탄불상용) ㈜炭
얼음 빙	氷 氷 氷 氷 氷						

寫							複寫(복사) 寫眞(사진) 描寫(묘사) 模寫傳送 (모사전송) ⊕ 謄, 描
베낄, 쓸 **사**	寫 寫 寫 寫 寫 寫 寫 寫 寫 寫 寫 寫 寫 寫 寫						

思							思考(사고) 思想(사상) 意思(의사) 思無邪(사무사) ⊕ 考, 念, 想
생각 **사**	思 思 思 思 思 思 思 思 思						

士							文士(문사) 士禍(사화) 士大夫(사대부) 兵士(병사) 士林(사림) ⊕ 儒 ⊖ 民
선비 **사**	士 士 士						

仕							勤仕(근사) ⊕ 捧, 奉
벼슬할 **사**	仕 仕 仕 仕 仕						

史							史草(사초) 史官(사관) 史書(사서) 歷史意識 (역사의식)
역사 **사**	史 史 史 史 史						

查							調査(조사) 審査(심사) 搜査(수사) 身體檢査 (신체검사) ⊕ 察, 監, 檢
조사할 **사**	査 査 査 査 査 査 査 査 査						

産	産	産	産	産	産			生産(생산)
								産業(산업)
								出産(출산)
								文化遺産
								(문화유산)
낳을 산	産産産産産産産産産産							유 生, 出
賞	賞	賞	賞	賞	賞			賞品(상품)
								施賞(시상)
								賞狀(상장)
								鑑賞(감상)
상줄 상	賞賞賞賞賞賞賞賞賞賞賞賞賞賞賞							반 罰
相	相	相	相	相	相			相對(상대)
								觀相(관상)
								相通(상통)
								民族相殘
								(민족상잔)
서로 상	相相相相相相相相相							유 互
商	商	商	商	商	商			商店(상점)
								商品(상품)
								商街(상가)
								士農工商
								(사농공상)
장사 상	商商商商商商商商商商商							유 賈
序	序	序	序	序	序			順序(순서)
								序幕(서막)
								序曲(서곡)
								秩序(질서)
								유 番, 第, 級
차례 서	序序序序序序序							반 跋
選	選	選	選	選	選			選出(선출)
								選舉(선거)
								選拔(선발)
								當選(당선)
								東文選(동문선)
가릴 선	選選選選選選選選選選選選選選							유 拔, 擇

鮮	鮮	鮮	鮮	鮮	鮮			新鮮(신선) 鮮明(선명) 生鮮(생선) 檀君朝鮮 (단군조선) ⊕ 麗, 妍
고울 선	鮮 鮮 鮮 鮮 鮮 鮮 鮮 鮮 鮮 鮮 鮮 鮮 鮮 鮮 鮮							
船	船	船	船	船	船			船舶(선박) 船團(선단) 船員(선원) 關釜連絡船 (관부연락선)
배 선	船 船 船 船 船 船 船 船 船 船 船							
仙	仙	仙	仙	仙	仙			神仙(신선) 仙女(선녀) 仙人(선인) 詩仙(시선) 國仙道(국선도)
신선 선	仙 仙 仙 仙 仙							
善	善	善	善	善	善			善惡(선악) 改善(개선) 善政(선정) 善行(선행) ⊕ 臧 ⊕ 惡
착할 선	善 善 善 善 善 善 善 善 善 善 善 善							
說	說	說	說	說	說			說明(설명) 假說(가설) 說話(설화) 大河小說 (대하소설) ⊕ 談, 言, 話
말씀 설	說 說 說 說 說 說 說 說 說 說 說 說 說 說							
性	性	性	性	性	性			性品(성품) 理性(이성) 性格(성격) 性質(성질) 同性(동성) 天性(천성)
성품 성	性 性 性 性 性 性 性 性							

洗	洗洗洗洗洗					洗手(세수) 洗濯(세탁) 洗車(세차) 洗劑(세제) ⑪濯
씻을 세	洗洗洗洗洗洗洗洗洗					
歲	歲歲歲歲歲					歲月(세월) 萬歲(만세) 無情歲月 (무정세월) ⑪年, 季
해 세	歲歲歲歲歲歲歲歲歲歲歲歲歲					
束	束束束束束					束縛(속박) 團束(단속) 拘束(구속) 結束(결속) ⑪結, 約
묶을 속	束束束束束束束					
首	首首首首首					首都(수도) 首席(수석) 黨首(당수) 機首(기수) ⑪頭, 魁 ⑫尾
머리 수	首首首首首首首首首					
宿	宿宿宿宿宿					宿泊(숙박) 宿所(숙소) 宿命(숙명) 東家食西家宿 (동가식서가숙) ⑪寢, 眠, 睡
잠잘 숙	宿宿宿宿宿宿宿宿宿宿宿					
順	順順順順順					順應(순응) 柔順(유순) 良順(양순) 歸順勇士 (귀순용사) ⑪婉 ⑫逆
순할 순	順順順順順順順順順順順					

示	示 示 示 示 示				展示(전시) 告示(고시) 示威(시위) 默示(묵시) 유 告, 監
보일 시	示 示 示 示 示				
識	識 識 識 識 識				智識(지식) 識見(식견) 鑑識(감식) 識別(식별) 意識(의식) 유 認, 知
알 식	識 識 識 識 識 識 識 識 識 識 識 識 識 識 識 識 識				
臣	臣 臣 臣 臣 臣				家臣(가신) 臣下(신하) 忠臣(충신) 君臣有義 (군신유의) 유 君, 民
신하 신	臣 臣 臣 臣 臣 臣				
實	實 實 實 實 實				果實(과실) 實積(실적) 實事求是 (실사구시) 유 果 반 空, 虛
열매 실	實 實 實 實 實 實 實 實 實 實 實 實 實 實				
兒	兒 兒 兒 兒 兒				兒童(아동) 乳兒(유아) 迷兒(미아) 問題兒童 (문제아동) 유 童
아이 아	兒 兒 兒 兒 兒 兒 兒 兒				
惡	惡 惡 惡 惡 惡				善惡(선악) 邪惡(사악) 奸惡(간악) 害惡(해악) 유 凶 반 善
악할 악	惡 惡 惡 惡 惡 惡 惡 惡 惡 惡 惡				

案	案案案案案		案件(안건) 決議案(결의안) 檢案(검안) 圖案(도안) 答案(답안)
책상 안	案案案案案案案案案案		

約	約約約約約		約束(약속) 盟約(맹약) 言約(언약) 百年佳約 (백년가약) ㊡ 結, 束
맺을 약	約約約約約約約約約		

養	養養養養養		養育(양육) 敎養(교양) 供養(공양) 養殖(양식) 養生(양생) ㊡ 育, 飼
기를 양	養養養養養養養養養養養養養養養		

魚	魚魚魚魚魚		魚類(어류) 養魚場(양어장) 魚貝類(어패류)
물고기 어	魚魚魚魚魚魚魚魚魚魚魚		

漁	漁漁漁漁漁		漁業(어업) 漁夫(어부) 漁具(어구) 近海漁業 (근해어업) ㊡ 撈
고기잡을 어	漁漁漁漁漁漁漁漁漁漁漁漁漁漁		

億	億億億億億		億劫(억겁) 一億(일억) 億萬年(억만년)
억 억	億億億億億億億億億億億億		

熱	熱 熱 熱 熱 熱			熱氣(열기) 熱帶(열대) 熾熱(치열) 熱風(열풍) ⊕ 暖, 溫, 炎
더울 **열**	熱 熱 熱 熱 熱 熱 熱 熱 熱 熱 熱 熱 熱			凡 冷, 涼
葉	葉 葉 葉 葉 葉			落葉(낙엽) 葉書(엽서) 滿山紅葉 (만산홍엽) 金枝玉葉 (금지옥엽)
잎 **엽**	葉 葉 葉 葉 葉 葉 葉 葉 葉 葉 葉 葉 葉			
屋	屋 屋 屋 屋 屋			屋上(옥상) 家屋(가옥) 舊屋(구옥) 屋上架屋 (옥상가옥)
집 **옥**	屋 屋 屋 屋 屋 屋 屋 屋 屋			⊕ 家, 堂, 舍, 室
完	完 完 完 完 完			完全(완전) 完璧(완벽) 補完(보완) 完成(완성) 完了(완료)
완전할 **완**	完 完 完 完 完 完 完			⊕ 全, 康
曜	曜 曜 曜 曜 曜			曜日(요일) 黑曜石(흑요석) ⊕ 華, 輝, 炅
빛날 **요**	曜 曜 曜 曜 曜 曜 曜 曜 曜 曜 曜 曜 曜 曜 曜 曜			
要	要 要 要 要 要			要求(요구) 要請(요청) 重要(중요) 必要充分條件 (필요충분조건)
구할 **요**	要 要 要 要 要 要 要 要 要			⊕ 緊

浴	浴浴浴浴浴						沐浴(목욕) 浴室(욕실) 浴槽(욕조) 山林浴(산림욕) ⊕沐
목욕할 욕	浴浴浴浴浴浴浴浴浴浴						
友	友友友友友						友情(우정) 戰友(전우) 學友(학우) 交友以信 (교우이신) ⊕朋
벗 우	友友友友						
雨	雨雨雨雨雨						雨傘(우산) 暴雨(폭우) 降雨(강우) 祈雨祭(기우제) ⊕曇 ⊕光, 陽
비 우	雨雨雨雨雨雨雨雨						
牛	牛牛牛牛牛						牛馬(우마) 牛乳(우유) 牧牛(목우) 牛耳讀經 (우이독경) ⊕畜
소 우	牛牛牛牛						
雲	雲雲雲雲雲						雲雨(운우) 風雲(풍운) 積雲(적운) 雲霧(운무) 暮雲(모운)
구름 운	雲雲雲雲雲雲雲雲雲雲雲雲						
雄	雄雄雄雄雄						雌雄(자웅) 雄飛(웅비) 英雄(영웅) 大雄殿(대웅전) ⊕牡 ⊕雌, 牝
수컷 웅	雄雄雄雄雄雄雄雄雄雄雄						

原									原因(원인) 高原(고원) 草原(초원) 原則(원칙) 原論(원론) ⊕丘, 陵, 岸
근원, 언덕 원	原原原原原原原原原原								
願									所願(소원) 念願(염원) 願書(원서) 民願(민원) ⊕望, 希
원할 원	願願願願願願願願願願願願願願願								
元									元素(원소) 開元(개원) 元首(원수) 元標(원표) 元帥(원수)
으뜸 원	元元元元								
院									學院(학원) 開院(개원) 法院(법원) ⊕宇
집 원	院院院院院院院院院院								
偉									偉大(위대) 偉人(위인) ⊕巨, 大, 宏
클 위	偉偉偉偉偉偉偉偉偉								
位									位置(위치) 方位(방위) 無位(무위) 同位(동위)
자리 위	位位位位位位位								

耳	耳 耳 耳 耳 耳						耳目(이목) 中耳炎(중이염) 耳順(이순) 馬耳東風 (마이동풍)
귀 이	耳耳耳耳耳耳						
以	以 以 以 以 以						所以(소이) 以來(이래) 交友以信 (교우이신) 食以爲天 (식이위천)
써 이	以 以 以 以 以						
因	因 因 因 因 因						因緣(인연) 動因(동인) 原因(원인) 因果應報 (인과응보) ⓤ緣 ⓑ果
인할 인	因因因因因因						
任	任 任 任 任 任						任務(임무) 責任(책임) 所任(소임) ⓤ委, 托 ⓑ免
맡길 임	任任任任任任						
再	再 再 再 再 再						再會(재회) 再次(재차) 再建(재건) 再嫁(재가) 非一非再 (비일비재)
두 재	再再再再再再						
材	材 材 材 材 材						木材(목재) 素材(소재) 建材商(건재상) 材木(재목)
재목 재	材材材材材材材						

財 財 財 財 財							財物(재물)
							財貨(재화)
							文化財(문화재)
							家財道具
							(가재도구)
재물 재 財 財 財 財 財 財 財 財 財 財							㊒貨, 資

災 災 災 災 災				災殃(재앙)
				災難(재난)
				火災(화재)
				天災地變
				(천재지변)
재앙 재 災 災 災 災 災 災 災				㊒殃, 禍, 厄

財物(재물)
財貨(재화)
文化財(문화재)
家財道具
(가재도구)
㊒貨, 資

재물 재　財 財 財 財 財 財 財 財 財 財

災殃(재앙)
災難(재난)
火災(화재)
天災地變
(천재지변)
㊒殃, 禍, 厄

재앙 재　災 災 災 災 災 災 災

鬪爭(투쟁)
爭覇(쟁패)
競爭(경쟁)
戰爭(전쟁)
㊒鬪, 競

다툴 쟁　爭 爭 爭 爭 爭 爭 爭 爭

貯蓄(저축)
貯金(저금)
貯金筒(저금통)
㊒積, 築

쌓을 저　貯 貯 貯 貯 貯 貯 貯 貯 貯 貯 貯

的中(적중)
公的(공적)
私的(사적)
目的(목적)
國家的(국가적)

과녁 적　的 的 的 的 的 的 的 的

赤色(적색)
赤外線(적외선)
赤十字(적십자)
赤潮(적조)

붉을 적　赤 赤 赤 赤 赤 赤 赤

典	典 典 典 典 典						法典(법전) 古典(고전) 經典(경전) 辭典(사전) ㉤法, 律, 式
법 전	典 典 典 典 典 典 典 典						
傳	傳 傳 傳 傳 傳						傳說(전설) 傳達(전달) 傳承(전승) 傳統(전통) 遺傳(유전)
전할 전	傳 傳 傳 傳 傳 傳 傳 傳 傳 傳 傳 傳						
展	展 展 展 展 展						展示(전시) 發展(발전) 展望(전망) 經濟發展 (경제발전) ㉤立, 發
펼 전	展 展 展 展 展 展 展 展 展 展						
切	切 切 切 切 切						懇切(간절) 哀切(애절) 親切(친절) 一切唯心造 (일체유심조) ㉤斷, 絕
끊을 절, 모두 체	切 切 切 切						
節	節 節 節 節 節						句節(구절) 節制(절제) 勤儉節約 (근검절약) ㉤寸
마디 절	節 節 節 節 節 節 節 節 節 節 節 節 節 節						
店	店 店 店 店 店						店鋪(점포) 店員(점원) 露店(노점) 開店休業 (개점휴업) ㉤鋪
가게 점	店 店 店 店 店 店 店 店						

情	情	情	情	情	情		
뜻 정	情情情情情情情情情情						

人情(인정)
表情(표정)
感情(감정)
無情歲月
(무정세월)
유 意, 志

停	停	停	停	停			
머무를 정	停停停停停停停停停停						

停止(정지)
停留場(정류장)
停車(정차)
停學(정학)
유 留, 止, 泊

調	調	調	調	調			
고를 조	調調調調調調調調調調調調調調						

調律(조율)
調整(조정)
格調(격조)
貿易逆調
(무역역조)
유 均, 和

操	操	操	操	操			
잡을 조	操操操操操操操操操操操操操操操						

操作(조작)
志操(지조)
體操(체조)
操舵手(조타수)
유 執, 拘, 捉

卒	卒	卒	卒	卒			
군사 졸	卒卒卒卒卒卒卒卒						

軍卒(군졸)
兵卒(병졸)
卒業試驗
(졸업시험)
유 軍, 兵, 士
반 將

終	終	終	終	終			
마칠 종	終終終終終終終終終終						

終了(종료)
臨終(임종)
始終如一
(시종여일)
유 端, 末, 止
반 始, 初

種	種 種 種 種 種	種類(종류) 種子(종류) 播種(파종) 人種(인종) ㉠核, 緯
씨 종	種 種 種 種 種 種 種 種 種 種 種 種 種	
罪	罪 罪 罪 罪 罪	犯罪(범죄) 無罪(무죄) 輕犯罪(경범죄) ㉠罰, 愆 ㉡功
허물 죄	罪 罪 罪 罪 罪 罪 罪 罪 罪 罪 罪 罪 罪	
州	州 州 州 州 州	慶州(경주) 全州(전주) 九州(구주) ㉠郡
고을 주	州 州 州 州 州 州	
週	週 週 週 週 週	今週(금주) 隔週(격주) 週末(주말) 週刊(주간) 來週(내주)
주일, 돌 주	週 週 週 週 週 週 週 週 週 週 週 週	
止	止 止 止 止 止	停止(정지) 禁止(금지) 免許停止 (면허정지) ㉠停, 終, 了 ㉡動
그칠 지	止 止 止 止	
知	知 知 知 知 知	知識(지식) 知慧(지혜) 告知(고지) 未知(미지) ㉠識, 認 ㉡行
알 지	知 知 知 知 知 知 知 知	

質	質 質 質 質 質					本質(본질) 質量(질량) 物質(물질) 無機質(무기질) ㊠ 朴, 素, 正
바탕 질	質 質 質 質 質 質 質 質 質 晳 晳 晳 質 質					
着	着 着 着 着 着					附着(부착) 着陸(착륙) 着席(착석) 着用(착용) ㊠ 附, 粘 ㊉ 發
붙을 착	着 着 着 着 着 着 着 着 着 着 着					
參	參 參 參 參 參					參加(참가) 參席(참석) 參與(참여) 同參(동참) ㊠ 與
참여할 참	參 參 參 參 參 參 參 參 參 參					
唱	唱 唱 唱 唱 唱					合唱(합창) 獨唱(독창) 歌唱(가창) 模唱(모창) ㊠ 吟, 招, 呼
부를 창	唱 唱 唱 唱 唱 唱 唱 唱 唱 唱 唱					
責	責 責 責 責 責					責任(책임) 責望(책망) 呵責(가책) 無限責任 (무한책임) ㊠ 詰, 呵
꾸짖을 책	責 責 責 責 責 責 責 責 責 責 責					
鐵	鐵 鐵 鐵 鐵 鐵					鐵鋼(철강) 古鐵(고철) 鐵道(철도) 鐵板(철판) ㊠ 金, 鋼 ㊉ 石, 玉
쇠 철	鐵 鐵 鐵 鐵 鐵 鐵 鐵 鐵 鐵 鐵 鐵 鐵 鐵 鐵 鐵 鐵 鐵 鐵 鐵					

初	初	初	初	初	初			初級(초급) 初行(초행) 今始初聞 (금시초문) ㉠ 始, 創 ㉡ 終
처음 초	初初初初初初初							
最	最	最	最	最	最			最强(최강) 最近(최근) 最高(최고) 最古(최고) 最大(최대) ㉡ 副
가장 최	最最最最最最最最最最最最							
祝	祝	祝	祝	祝	祝			祝祭(축제) 祝賀(축하) 祝福(축복) 慶祝(경축) ㉠ 慶, 祇, 禱
빌 축	祝祝祝祝祝祝祝祝祝祝							
充	充	充	充	充	充			充分(충분) 補充(보충) 充當(충당) 充血(충혈) ㉠ 滿, 塡
채울 충	充充充充充充							
致	致	致	致	致	致			理致(이치) 極致(극치) 所致(소치) 滿場一致 (만장일치) ㉠ 到, 至
이를 치	致致致致致致致致致致							
則	則	則	則	則	則			法則(법칙) 規則(규칙) 原則(원칙) ㉠ 法, 規
법칙 칙	則則則則則則則則則							

他	他他他他他						他人(타인) 他鄉(타향) 其他(기타) 排他(배타) 유別, 異, 殊 반自
다를 타	他他他他他						
打	打打打打打						打擊(타격) 强打(강타) 利害打算 (이해타산) 유伐, 擊, 攻 반投
칠 타	打打打打打						
卓	卓卓卓卓卓						卓見(탁견) 卓越(탁월) 食卓(식탁) 卓上空論 (탁상공론) 유高, 崇, 尊
높을 탁	卓卓卓卓卓卓卓卓						
炭	炭炭炭炭炭						煉炭(연탄) 石炭(석탄) 無煙炭(무연탄) 炭鑛(탄광) 木炭(목탄) 반氷
숯 탄	炭炭炭炭炭炭炭炭炭						
宅	宅宅宅宅宅						邸宅(저택) 宗宅(종택) 宅配(택배) 古宅(고택) 住宅(주택) 유家, 堂, 舍
집 택	宅宅宅宅宅宅						
板	板板板板板						板子(판자) 架板(가판) 木板(목판) 鋼板(강판) 名板(명판)
널빤지 판	板板板板板板板板						

敗	敗 敗 敗 敗 敗					敗北(패배) 勝敗(승패) 完敗(완패) 連敗(연패) 유 失 반 勝, 成
패할 패	敗 敗 敗 敗 敗 敗 敗 敗 敗 敗 敗					
品	品 品 品 品 品					人品(인품) 品格(품격) 文學作品 (문학작품) 密賣品(밀매품) 유 物, 件
물건 품	品 品 品 品 品 品 品 品					
必	必 必 必 必 必					必然(필연) 必須(필수) 必勝(필승) 必要充分 (필요충분)
반드시 필	必 必 必 必 必					
筆	筆 筆 筆 筆 筆					筆記(필기) 毛筆(모필) 鉛筆(연필) 筆禍(필화) 墨筆(묵필) 名筆(명필)
붓 필	筆 筆 筆 筆 筆 筆 筆 筆 筆 筆 筆 筆					
河	河 河 河 河 河					河川(하천) 氷河(빙하) 大河小說 (대하소설) 유 江, 溪 반 山, 陵
물 하	河 河 河 河 河 河 河 河					
寒	寒 寒 寒 寒 寒					寒氣(한기) 寒冷(한랭) 寒波(한파) 耐寒(내한) 유 冷, 凉 반 溫, 暑
찰 한	寒 寒 寒 寒 寒 寒 寒 寒 寒 寒 寒					

害	害	害	害	害	害			害蟲(해충)
								陰害(음해)
								被害(피해)
								公害(공해)
해칠 해	害害害害害害害害害害							㊀妨, 弊 ㊀利

許	許	許	許	許	許			許諾(허락)
								許可(허가)
								許容(허용)
								特許(특허)
허락할 허	許許許許許許許許許許							免許(면허)

湖	湖	湖	湖	湖				湖水(호수)
								湖畔(호반)
								江湖(강호)
								畿湖地方
호수 호	湖湖湖湖湖湖湖湖湖湖湖湖							(기호지방)

化	化	化	化	化				化石(화석)
								化學(화학)
								文化(문화)
								民族文化
될 화	化化化化							(민족문화) ㊀改, 變, 易

患	患	患	患	患				憂患(우환)
								患者(환자)
								患亂(환란)
								疾患(질환)
근심 환	患患患患患患患患患患患							㊀愁, 憂

效	效	效	效	效				效果(효과)
								藥效(약효)
								特效(특효)
								無效(무효)
본받을 효	效效效效效效效效效效							

凶	凶	凶	凶	凶	凶			凶夢(흉몽)
								凶家(흉가)
								元凶(원흉)
								凶惡(흉악)
흉할 흉	凶 凶 凶 凶							吉凶禍福 (길흉화복)

黑	黑	黑	黑	黑	黑			暗黑(암흑)
								黑白論理 (흑백논리)
								黑色宣傳 (흑색선전)
검을 흑	黑 黑 黑 黑 黑 黑 黑 黑 黑 黑 黑 黑							㊌黎 ㊁白